LES [illegible]
LE BORDER COLLIE

A. Rota

LES COLLEYS ET LE BORDER COLLIE

ÉDITIONS DE VECCHI
20, rue de la Trémoille
75008 PARIS

Malgré l'attention portée à la rédaction de cet ouvrage, l'auteur ou l'éditeur ne peuvent assumer une quelconque responsabilité du fait des informations proposées (formules, recettes, techniques, etc.) dans le texte.
Il est conseillé, selon les problèmes spécifiques – et souvent uniques – de chaque lecteur, de prendre l'avis de personnes qualifiées pour obtenir les renseignements les plus complets, les plus précis et les plus actuels possibles.

Collection dirigée par le professeur L. Guidobono Cavalchini et le docteur C. Pialorsi Falsina

L. Guidobono Cavalchini est professeur de médecine vétérinaire à l'université de Milan ; il est directeur de l'Institut zootechnique de cette ville et a rédigé de très nombreuses publications scientifiques sur les chiens. Il est juge canin, éleveur et passionné de cynophilie. Il a produit de grands champions internationaux Bergers bergamasques.
C. Pialorsi Falsina est diplomée en pharmacie. Elle est éleveur depuis 1961 et juge canin. Elle est l'auteur de nombreuses publications reconnues sur les chiens.

En couverture : en bas, Hemp von Hallrue, Border Collie champion allemand de l'élevage von Beutenhof (photo Mossner). En haut, championne internationale Yellow Mellow di Cambiano, Colley fauve à poil long (propr. M. T. Garabelli et A. Rota)

Dessins : A. Marengoni

Traduction : Frédéric Delacourt

Sommaire

Préface

La cynophilie connaît depuis quelque temps de très grandes transformations : le nombre de personnes qui ressentent le besoin ou le désir d'avoir un chien – et en particulier un chien de race – augmente d'année en année.
Le chien n'est plus considéré comme un « instrument » utile pour certaines activités données mais comme un compagnon avec lequel on peut passer son temps libre en instaurant un rapport extraordinaire et en vivant des expériences nouvelles.
Pour satisfaire la demande d'un nombre croissant de lecteurs, les Éditions De Vecchi ont créé cette collection intitulée « Chiens de race », qui vient compléter celle qui existe déjà. Le texte et les illustrations des ouvrages de cette collection sont destinés à transmettre un message plus direct et plus immédiat.
Le Colley, le Border Collie et le Shetland sont des chiens dont l'origine est très ancienne ; ils sont utilisés depuis toujours dans l'élevage des moutons et aujourd'hui employés dans diverses activités qui mettent en relief la grande polyvalence des représentants de ces races. Ce sont des chiens élégants et distingués, qui se sont affinés grâce à l'élevage et à la sélection mais qui ont su garder leur caractère d'origine.
Assez peu répandus en France, ils sont toutefois connus et appréciés de tout le monde.
L'auteur de cet ouvrage, A. Rota, est une cynophile passionnée et spécialiste de cette race. En tant que fille de M. T. Garabelli, responsable de l'élevage di Cam-

biano, elle a eu la chance de vivre en contact étroit avec ces races depuis qu'elle est toute petite. En effet, l'élevage de Mme Garabelli s'est toujours distingué, en Italie et dans le monde, pour la qualité de sa sélection.
Ce livre décrit l'ensemble des caractéristiques (physiques et comportementales) de ces races ainsi que leur histoire.
Vous y trouverez aussi des conseils pratiques indispensables pour les élever et les soigner : des chapitres entiers sont consacrés à l'alimentation, la reproduction, la santé et l'hygiène de ces chiens.
L'éditeur désire remercier tous ceux qui ont mis à disposition leur matériel iconographique, contribuant ainsi à enrichir ce volume et à en rendre la lecture plus plaisante.

PROF. L. GUIDOBONO CAVALCHINI
DIRECTEUR DE LA COLLECTION

Introduction

Vous avez entre les mains le livre que j'ai consacré aux chiens de berger écossais, qui sont mes fidèles compagnons depuis toujours.
En effet, depuis que je suis toute petite, j'ai toujours vécu avec un Colley à poil long. C'est un chien de cette race qui m'a aidée à faire mes premiers pas et c'en est un autre qui m'accompagne toujours aujourd'hui.
Dans cet ouvrage, vous trouverez également ses cousins les plus proches : le Colley à poil court et le Shetland. La « famille » des Collies comprend aussi le Border Collie, dont les caractéristiques morphologiques et caractérielles sont différentes. Toutefois, comme le Border devient de plus en plus répandu, il est normal qu'à ce titre il soit décrit à côté des autres colleys.
J'ai écrit ce livre avec l'idée de vous apporter des informations intéressantes et des conseils utiles pour bien vivre avec des chiens de berger écossais.
Avant de vous souhaiter une bonne lecture, je tiens à remercier tous ceux sans qui ce livre n'aurait jamais pu être écrit : ma mère, qui m'a (presque) tout appris ce que je sais sur cette race et qui s'est chargée des chapitres consacrés au Border Collie ; mon père, qui m'a fourni les moyens nécessaires pour écrire ; P. Mariani, qui a patiemment lu, relu et corrigé mon manuscrit.

Origines et histoire du Colley à poil long ou Rough Collie ou Berger écossais à poil long

Le Colley appartient à la catégorie des chiens de berger, c'est-à-dire à ce groupe de canidés qui, selon le naturaliste du XVIIIe siècle Buffon, a reçu le premier les rudiments de la domestication. C'est donc le premier carnivore qui a vécu avec l'homme, en habitant dans ses villages et en défendant ses troupeaux contre les attaques des animaux sauvages, d'une façon active si l'animal était de sa taille ou en prévenant sans équivoque son maître en aboyant.

Il est probable qu'une grande partie des chiens qui existent aujourd'hui et que l'homme a classés en différents groupes selon leurs qualités existaient déjà avant la chute de Rome. La première classification historique parvenue jusqu'à nous divise les chiens en six catégories : chiens de garde ou *villatici*, chiens de berger ou *pastorales pecuarii*, chiens de chasse ou *venatici*, chiens de combat et de guerre appelés aussi *pugnaces* ou *bellicosi*, limiers ou *nares sagaces* et lévriers ou *pedibus celeres*. Ces chiens ne sont certainement pas les ancêtres directs de toutes les races qui existent aujourd'hui bien que la sélection artificielle effectuée ensuite par l'homme ait souvent conduit à la création de races semblables dans différentes parties du monde, sans qu'il y ait aucune relation entre elles.

C'est très probablement les Romains qui ont introduit les chiens de berger en Angleterre à la suite de leurs armées et de leurs troupeaux. Il est également possible que les Écossais aient capturé quelques-uns de ces animaux et commencé à élever un chien de berger capable de supporter le climat et la structure morphologique particulière du relief de ce pays : il s'agissait donc certainement d'un chien recouvert d'un poil épais et d'une constitution souple et légère, capable de se déplacer rapidement dans les collines. Ensuite, en sélectionnant cette race, on a continué à pénaliser les chiens agressifs et de grande taille puisque des sujets puissants et féroces n'étaient plus nécessaires en Grande-Bretagne, pays où le loup est absent depuis l'an 1000 environ. Tous ces éléments ont fait du Colley un conducteur de troupeaux « spécialisé » et vraiment excellent.

Parmi les races qui ont participé à la création et au développement du Colley d'aujourd'hui, on peut citer le Setter Gordon, le Deerhound et, plus récemment, le Barzoï. L'histoire du Colley à poil long, en tant que chien d'exposition, a commencé en 1860 à Birmingham, date à laquelle furent jugés les premiers sujets. Au cours des dix années suivantes, le nombre de chiens de cette race inscrits aux expositions fut plutôt faible, mais il existait déjà des chiens de qualité comme Old Mec et Old Cockie, véritables souches de la race, ainsi que Trefoil et son descendant Charlemagne. Les Colleys ont participé à l'exposition Cruft's, le rendez-vous le plus important de la cynophilie anglaise, dès ses débuts, en 1891. Cette année-là, c'est le Ch. Christopher, fils du Ch. Metchley Wonder, lui-même petit-fils de Trefoil, qui remporta le titre chez les mâles, et une de ses sœurs de la portée, Grace III, l'emporta chez les femelles. Le nom de cette chienne devint ensuite Sefton Grace, appellation sous laquelle elle obtint le titre de championne l'année suivante.

Ch. Christopher fut un grand champion et, comme son père, un grand reproducteur vendu ensuite à Philadelphie pour 1 000 livres sterling. Dans ces années-là, les meilleurs Colleys étaient vendus à des prix si exorbitants que Mr Croxton Smith rappelle dans son livre, *Dogs since 1900*, que l'élevage de ces chiens était parfois considéré comme plus lucratif que l'agriculture. Certains sujets vainqueurs au Cruft's furent vendus à des prix supérieurs à 1 000 livres sterling (rappelons-nous que l'on parle de la fin du XIXe siècle !), comme Ch. Ormskirk Emerald et Ch. Southport Perfection, tous deux descendants de Christopher. Il n'était d'ailleurs pas nécessaire de remporter le Cruft's pour être vendu à de telles sommes puisqu'un des sujets qui atteint un prix record, le Ch. Parabold Piccolo, n'eut même pas cet honneur. Sa malchance le poursuivit d'ailleurs en 1904 quand il fut exporté aux

États-Unis puisqu'il disparut le jour même de son arrivée, probablement dans l'intention de retrouver son foyer.

Deux élevages anglais eurent beaucoup de succès avant la Seconde Guerre mondiale : l'élevage Laund qui, après son premier succès avec Laund Limit en 1914, remporta encore huit fois le Cruft's avec différents sujets et produisant par ailleurs environ soixante champions ; l'élevage de Mr. R. H. Roberts, avec l'affixe Ashtead, dont les Colleys remportèrent plus de six fois le Cruft's dans les années 30.

À la même époque existait également un affixe assez important : Belauh. C'est un des rares élevages à avoir pu conserver le même nombre de sujets élevés (environ trente) durant la guerre. Parmi eux, il y avait le Ch. Belauh Silver Don Mario, né en 1938, qui fut ensuite exilé aux États-Unis pendant le conflit mondial. Dans son pays d'accueil, il réussit à obtenir facilement le titre de champion américain mais heureusement, avant de partir aux États-Unis, il laissa un descendant en Angleterre, Lyncliffe Lancer, qui produisit à son tour Eden Examine, un des plus importants reproducteurs de l'après-guerre.

En 1947, Examine donna naissance au Ch. Lochinvar of Ladypark, un véritable « grand » de la race, père de nombreux champions (quatorze en Angleterre), deux fois vainqueur au Cruft's et encore présent dans les lignées de nombreux élevages dans le monde. Libretto, Loyal, Leprechawn et Laughing Lad of Ladypark, petits de Lochinvar, furent par exemple importés en Italie : les deux premiers dans l'élevage di Cambiano, la troisième chez Vera Martin et le dernier, qui fut aussi le dernier petit de Lochinvar, dans l'élevage Custos de la princesse Carafa, introduisant ainsi des qualités que l'on retrouve encore chez les Colleys d'aujourd'hui. Lochinvar

D'OÙ VIENT LE NOM ANGLAIS « COLLIE » ?

Très probablement d'une variété de moutons communs en Écosse et qui sont appelés « Colley » dans le Dictionary of Husbandry *publié en 1743. Ce mouton est décrit comme un animal ayant le museau et les pattes noires. La racine « col » signifiait auparavant « noir » en anglais, d'où le participe « Collied » pour désigner quelque chose de noirci ou de foncé. Dans la langue de la fin du XVIe siècle de Shakespeare, on utilisait occasionnellement ce terme, comme dans le premier acte de* Songe d'une nuit d'été, *quand Lysander déclame : « Brief as the lighting in the collied night ».*

Estampe d'époque représentant deux ancêtres des Colleys modernes

était un sujet à la couleur fauve dominante qu'Albert Wright évoque comme « très simplement, un très beau Colley, très en avance sur son époque. Beau dans ses formes et dans sa construction, avec une très belle tête, des yeux et une expression qui en faisaient un extraordinaire chien d'exposition ». Hazel Hunt ajoute que « ce sujet a été un bon exemple pour montrer comment un chien pouvait transformer entièrement le futur d'une race ». Le Ch. Lad of Ladypark, un frère très ressemblant de Lochinvar né d'un accouplement précédent, fut le père de six champions en Angleterre et lui aussi un reproducteur important pour la race : certains de ses petits furent à la base de grands élevages comme Rifflesea, Glenmist et Antoc. La mère de ces deux reproducteurs était Belauh's Golden Flora, un sujet fauve. L'élevage Belauh produisait en effet de très bons sujets dans les trois couleurs, même s'il est surtout resté célèbre pour ses Colleys bleu merle. Une femelle bleu merle, Belauh Silver Mantilla, déjà championne d'Angleterre, fut importée en Italie en 1953 par l'élevage di Cambiano. Elle remporta également le titre national dans ce pays. Durant ces années, en Italie, on importa d'autres très bons sujets bleu merle, parmi lesquels le petit d'une sœur de Mantilla, Ch. Tideswell Blue Prince, et Belauh Silver Don Mero, frère de Silver Mantilla.

Toujours dans les années 50, un grand nombre de Colleys de grande qualité furent importés en Italie par Mr. U. Corsiglia de Gênes. En 1952, Christopher of Waverdene et Exotic of Milbourdene furent les deux premiers sujets à participer au championnat. Entre 1952 et 1961, Mr. Corsiglia fit participer dix-neuf sujets au championnat, dont seize étaient d'importation anglo-saxonne.

Parmi ceux-ci, on retrouve : la célèbre Ch. Danvis Dyllorna, qui fut également le premier Colley d'un élevage italien à remporter le championnat mondial et le Ch. Rhodeland Boy, qui laissa en Angleterre un descendant célèbre, Ch. Carramar Boy Blu, vainqueur du Cruft's en 1966 et réputé pour sa splendide couleur bleue avec des taches noires bien nettes que

Mywicks Son O'Lancer : le premier fils de Meadowlancer importé en Italie par l'élevage di Cambiano. Mr. Corsiglia de Gênes a ensuite acquis d'autres sujets, parmi lesquels certains champions anglais

l'on retrouve encore aujourd'hui chez ses descendants.
Boy Blue, détenteur de onze CC, est un descendant des lignées Belauh des années 50 et il est dans les généalogies de la majorité des bleu merle actuels en Angleterre et dans le reste de l'Europe. Il faut rappeler que Boy Blue ne descend pas seulement des lignées Belauh, mais qu'il est également le petit-fils du Ch. Mywicks Meadowlancer, un petit-fils de Examine ainsi qu'un étalon qui a fait faire un saut de qualité à la race grâce à sa propre descendance.
En 1956, 1959, 1960 et 1961, le Ch. Mywicks Meadowlancer a remporté le CC et a été le meilleur de la race au Cruft's, entrant ainsi dans la légende. En dehors de ses victoires dans les expositions (quinze CC au total), Meadowlancer, descendant de Lochinvar, est aussi resté célèbre par sa progéniture. Jimmy Tait se souvient à ce propos de « femelles à la tête fabuleuse, avec une expression très douce et possédant toutes les autres qualités qui font de la femelle Rough Collie la plus belle de toutes les races ». Si ces femelles étaient remarquables par leur beauté, les mâles étaient réputés

CRUFT'S

C'est l'exposition la plus importante en Angleterre et les Colleys y participent depuis 1891. Elle se tenait à Londres jusque dans les années 80 mais a été transférée depuis à Birmingham pour des raisons de place. En effet, bien que les sujets soient obligés de se qualifier pour pouvoir participer au Cruft's en remportant, l'année qui précède l'exposition, au moins un titre dans une catégorie donnée au cours d'une exposition de Championnat, le nombre de chiens inscrits chaque année est considérable, puisqu'il dépasse souvent 15 000. On comprend alors que remporter un CC (Certificat de Championnat, décerné au meilleur mâle et à la meilleure femelle de chaque race, équivalent du CAC [Certificat d'aptitude au championnat]) dans cette exposition est une distinction très prestigieuse. En 1993, le CC chez les femelles fut remporté par Figli del Vento Sherie, née en Angleterre mais présentée par un éleveur italien.

Le champion Crony Remarkable Silver By Blu, élevé en Suède par Ulla et Eva Eriksson et vainqueur d'au moins 25 CACIB (photo Eva Eriksson)

comme de grands reproducteurs. Dazzler of Dunsinane, élevé par Audrey Chatfield, faisait partie de ceux-là. C'était un chien que l'on voyait peu puisqu'il détestait le ring, mais son influence dans les années 60 fut énorme. Lors de sa première portée, il donna naissance au Ch. Royal Ace of Rokeby et à la Ch. Romney of Rokeby qui firent la réputation de cet élevage prestigieux, lequel exporta ensuite plusieurs sujets en Italie chez les élevages del Narciso, dei Figli del Vento et di Cambiano. Meadowlancer fut le père de treize champions anglais, tandis que Dazzler et Royal Ace en produisirent respectivement dix et douze. Un petit-fils de Royal Ace of Rokeby, le Ch. Kidlaine Konrad (issu du Ch. Bririch Gold Edition), donna naissance au Ch. Aberthorne Arrester, élevé par Jimmy Tait, qui eut à son tour une grande influence. Il est d'ailleurs actuellement présent dans le pedigree d'un grand nombre de Colleys élevés en Europe. On a calculé que dans les années 70, Dazzler était présent dans le pedigree de 80 % des chiens vainqueurs en Angleterre, et cette proportion doit être encore plus élevée aujourd'hui. En effet, Arrester a prolongé sa lignée sanguine de vainqueurs et de reproducteurs à travers Ch. Mybern's Ministrel et ses deux fils Ch. Brilyn Supertramp et Ch. Mybern's Mandane. En outre, un autre fils de Dazzler, le Ch. Ramsey of Ladypark, a produit le Ch. Brettonpark Whatzizname (père de cinq champions anglais) qui, à son tour, à travers son fils Sangreat Sorocco of Arranbrook, a donné naissance à un autre grand reproducteur, le Ch. Arranbrook Mr. Chips of Aberhill, vainqueur du Cruft's en 1977 et Top Stud Dog (meilleur reproducteur) de 1980 à 1983. Ce Colley fauve remporta son premier CC à l'âge de neuf mois et a également laissé une empreinte indélébile en tant que reproducteur.

Plus récemment, à partir d'Arrester, le type de Colley a commencé à changer en Angleterre et par conséquent en Europe. Il a d'ailleurs subi plus de transformations

Le champion anglais Arranbrook Mr. Chips of Aberhill

Le grand champion anglais Aberthorne Arrester

au cours de ces dix ou quinze dernières années qu'au cours des cinquante années passées. Ces bouleversements ont divisé les éleveurs, les juges et les passionnés entre défenseurs du type « classique » et défenseurs du type « moderne ».
Les élevages sont à présent si nombreux qu'il est difficile de savoir exactement qui influence le plus la race du Colley sur ses terres d'origine.
Il serait impossible de citer le nom de certains élevages sans en oublier d'autres tout aussi importants. J'ai volontairement oublié de parler de l'évolution du Colley aux États-Unis puisque dans ce pays la race a suivi ses propres voies, en raison d'un « goût » différent des éleveurs. Le standard reconnu pas l'American Kennel Club diverge sur certains points de celui qui est en vigueur en Europe. En Italie, après plusieurs années de domination de quelques éleveurs, le panorama s'est enrichi de nombreux affixes récents qui, aux côtés des plus anciens, remportent des titres sur le ring. Il faut citer l'élevage Steadlyn, récemment arrivé de Suède, ainsi que

COMMENT DEVIENT-ON UN CHAMPION ANGLAIS ?

Pour obtenir le titre de Champion anglais, il faut remporter trois Challenge Certificate (CC) au cours de trois expositions de Championnat, chaque titre étant décerné par un juge différent. Deux Colleys appartenant à un élevage italien ont jusqu'à présent obtenu ce titre : Ch. Incredibly Blue di Cambiano et Ch. Sogno del Narciso.

ceux della Cambianella, dei Figli del Vento, della Valle del Lago et di Villa Assunta, sans oublier les plus anciens comme del Narciso et di Cambiano, qui ont produit le plus de champions au cours de ces dernières années. Depuis les années 80, certains éleveurs italiens pratiquent systématiquement des examens obligatoires de la dysplasie de la hanche et de certaines maladies oculaires (anomalie des yeux du Colley et atrophie rétinienne progressive [ARP]). Dans les années 90, l'Association italienne des Colleys a décidé de s'occuper activement de ces problèmes en sensibilisant les éleveurs grâce à des articles rédigés sur le bulletin de l'association. Elle a également organisé des réunions et modifié les règlements pour l'obtention du titre de Champion du Club.

Cinq générations de Colleys bleu merle et tricolores de l'élevage suédois Crony de Ulla et Eva Eriksson (photo Eriksson)

LASSIE ET LAD

Il est impossible de parler de l'histoire du Colley sans évoquer Lassie, héroïne d'un film et d'une série télévisée appréciée par des générations d'enfants. Dans mon enfance « remplie » de Colleys plus ou moins joyeux, c'est plutôt Lad, un Colley héros d'un roman, que Lassie, qui a compté pour moi. C'est peut-être parce qu'un livre peut être lu et relu ou bien parce qu'il stimule davantage l'imagination d'un enfant. L'auteur de ce livre est Albert Payson Terhune, né dans le New Jersey en 1872, journaliste et éleveur. En dehors de son livre Lad : un chien, *il a produit des centaines de portées et de nombreux champions. Il a eu le mérite de rendre populaire la race des Colleys sans déformer son image, brossant un portrait fidèle, bien que romancé, de son caractère.*

CHAMPIONS DES CHAMPIONS SUR LEUR TERRE D'ORIGINE

On pensait que le Berger écossais à poil long vainqueur au cours de ce siècle du plus grand nombre de CC en Grande-Bretagne était, avec seize certificats, le Ch. Mywicks Satine of Simbastar, une fille du Ch. Mywicks Meadowlancer, née en 1960. Pourtant, Mrs. Dareen Bridge a écrit dans le Handbook 1994, *revue de l'International Collie Society, après des recherches approfondies, qu'elle avait la preuve que Satine avait remporté quinze CC, ce qui placerait le Ch. Tamelia Gordon Bennet en tête de ce classement avec seize certificats. La Ch. Rubec Snow Symphony est la femelle qui se rapproche le plus du sommet derrière Satine, avec douze CC. Gordon Benett et Snow Symphony ont une partie de leurs racines en Italie puisque ces Colleys descendent tous les deux du Ch. Incredibly Blu di Cambiano.*
Le Ch. Ormskirk Emerald, né en 1894, reste toutefois le Rough Collie le plus titré de tous les temps : c'est lui qui a remporté le plus grand nombre de victoires sur ses terres d'origine en collectionnant plus de vingt-deux CC.

Origines et histoire du Colley à poil court ou Smooth Collie ou Berger écossais à poil court

Comme le Colley à poil long, le Smooth est un chien de berger britannique originaire d'Écosse selon certains auteurs et du pays de Galles selon d'autres. Beaucoup d'agriculteurs et de bergers d'autrefois préféraient cette variété à celle à poil long et ont élevé pendant plusieurs générations des Colleys à poil court sélectionnés précisément pour le travail. Un des avantages qu'offrait le type de poil de ces chiens, qui est également épais et imperméable mais moins volumineux que celui de leurs cousins à poil long, était qu'il ne se couvrait pas de boue ou de neige. Au siècle dernier, la plupart des Colleys à poil court travaillaient encore dans les fermes. Toutefois, malgré leur aspect rustique, certains d'entre eux eurent l'honneur de vivre dans les chenils de Balmoral et Windsor : la reine Victoria, qui aimait les deux variétés de Colleys, les élevait pour son plaisir et pour qu'ils surveillent ses troupeaux. Elle aimait les observer quand ils travaillaient avec les bergers et assistait souvent à des compétitions. Certains sujets nés dans les chenils royaux furent parmi les premiers Smooth Collies inscrits au Kennel Club et un ou deux d'entre eux participèrent également à quelques compétitions, sans obtenir toutefois de grands résultats.

Sharp, un Colley à poil court né en 1864, fut le compagnon de la reine pendant plus de quinze ans et il fut enterré dans le Windsor Home Park, avec une statue le représentant sur sa tombe.

Dès 1870, les Colleys à poil court ont été classés séparément dans les expositions. À l'époque, ces dernières se tenaient souvent à l'intérieur de grosses foires agricoles, à côté de beaucoup d'autres exposi-

Colleys à poil court de l'élevage hollandais van Midden Aarde. Les trois couleurs, également typiques des sujets à poil long, sont bien mises en évidence : fauve (sable et blanc), tricolore et bleu merle (photo Sanders)

tions. Il était alors fréquent de voir les mêmes sujets participer aux épreuves pratiques, comme faire entrer les moutons dans un enclos, aux épreuves de travail et de beauté, pour être mis ensuite aux enchères.

À la fin du XIXe siècle, l'intérêt pour les compétitions de beauté s'est accru et ce fut le début des croisements avec des Colleys à poil long d'exposition, dont les Smooth furent d'ailleurs considérés longtemps comme une variété. Les croisements entre les deux races furent aussi effectués pour augmenter le nombre de lignées sanguines disponibles. Dans les portées résultant de ces croisements, on pouvait ainsi trouver des sujets représentant les deux types de poil.

Malgré ces fréquents croisements,

LA TRANSMISSION DU TYPE DE POIL CHEZ LE COLLEY

Le poil long est transmis par un gène autosomique récessif par rapport au gène qui provoque la présence du poil court. Cela signifie que des accouplements entre des sujets à poil long ne donneront exclusivement naissance qu'à des chiots à poil long. Les Colleys à poil court peuvent en revanche être séparés en homozygotes et hétérozygotes pour ce caractère. Les homozygotes n'ont à la première génération qu'une descendance à poil court mais les sujets hétérozygotes, accouplés entre eux ou avec des Colleys à poil long, peuvent donner naissance à des chiots à poil long.

Malgré sa robe et sa couleur différentes, un Colley à poil court peut aussi être un « Lassie » (photo Claudia Schmidt)

les Colleys à poil court ont su conserver au fil des années leurs caractéristiques propres de chien de travail et encore aujourd'hui, quand on les met à l'épreuve, ils montrent un tempérament plus fort que celui des Colleys à poil long. Les deux variétés ont eu le même standard jusqu'à ce que le club de la race en Angleterre (Smooth Collie Club) proposa un standard différent en 1966. Celui-ci entra en vigueur en 1974. Depuis cette date, les Smooth et les Rough, qui avaient toujours été librement accouplés, ne peuvent plus être croisés. Auparavant, de nombreux élevages se consacraient aux deux variétés en Angleterre (Laund et Danvis par exemple) et, surtout au cours de la première moitié de ce siècle, de nombreux Smooth champions étaient fils ou petit-fils de Rough. Dans les années 60, ces croisements avaient encore lieu : la Ch. Peter-blue Love in the Mist, qui remporta à cette époque trois CC au Cruft's, eut deux filles, Ch. Costbelle Blue Caprice et Ch. Blue Finesse, issues de deux portées avec le même Rough Collie. Cet accouplement fut un succès incontestable puisque ces deux sujets participèrent à des compétitions de haut niveau sur les traces de leur mère, et remportèrent respectivement le titre pendant quatre et deux ans lors de la plus grande exposition d'Angleterre. Il existe une légende vivante parmi les Colleys à poil court, c'est la femelle bleu merle Newarp Silver Moonbeam qui, entre 1986 et 1990, a remporté quatre fois le titre de meilleure de la race au Cruft's. Cette femelle a trouvé le temps d'avoir des petits et, en deux portées, a produit sept champions : un des grands avantages de cette race par rapport à d'autres est que sa robe redevient rapidement parfaite pour les expositions après une portée ! Considérée comme très proche de la perfection, Silver Moonbeam appartient à une famille de vainqueurs au Cruft's : son père en 1982, sa mère en 1983 et son grand-père maternel en 1980 (bon sang ne peut mentir). Son père, Ch. Sylbecq Draugh Guinness at Foxearth, a remporté le titre de meilleur reproducteur de la race de 1985 à 1993. Il est également le père, entre autres, du Ch. Foxearth Fluorish, sacré trois fois meilleur de la race au Cruft's et un des nombreux

champions de cet élevage glorieux.
En ce qui concerne les Colleys à poil court, les lignées sanguines, les sujets et les élevages à proprement parler, ils sont moins nombreux que ceux des Colleys à poil long. C'est la raison pour laquelle il est plus facile pour le Smooth Collie que pour d'autres races d'obtenir de nombreuses victoires avec quelques sujets ayant des racines communes, ce qui n'enlève évidemment rien au mérite de ces chiens.
En Italie, les Colleys à poil court ont toujours été extrêmement rares, avec uniquement l'inscription d'une ou de deux portées par an, et même souvent d'aucune. Le seul élevage qui ait produit quelques portées en Italie au cours de ces dernières années est « Opilio ».

Un magnifique exemplaire de femelle bleu merle (bien qu'un peu trop blanche sous le ventre) d'un élevage finlandais (photo A. Rota)

Un Colley fauve à poil court d'un élevage finlandais, vainqueur dans sa catégorie (photo A. Rota)

Origines et histoire du Shetland ou Berger des Shetland

Les Shetland sont de petites îles battues par le vent situées au nord de l'Écosse. Malgré leur climat et leur relatif isolement, ces îles sont habitées depuis des siècles. Jusqu'à la fin du XIVe siècle, le commerce et les communications étaient curieusement davantage tournés vers les pays scandinaves que vers l'Écosse. C'est probablement parce que les premiers habitants de ces îles venaient des pays nordiques. On est d'ailleurs certain que les premiers chiens qui ont été introduits dans ces îles étaient de type Spitz, en provenance de Suède et de Norvège. Les racines du Shetland doivent donc être recherchées dans les « tun » norvégiens, des chiens éclectiques qui ressemblent aux Welsh Corgi mais qui sont plus hauts sur pattes. Le mot *tun* vient du nom donné aux fermes carrées norvégiennes typiques, où les animaux étaient rentrés pendant l'hiver. Sur leur terre natale, les petits « toonies » étaient aussi utiles pendant la mauvaise saison pour déplacer les animaux à l'intérieur de la ferme, qu'en été pour surveiller les troupeaux.

Par nécessité, les habitants des îles Shetland ont toujours vécu dans l'économie et c'est comme si, par manque de fourrage, ils avaient imposé à leurs animaux (vaches, moutons, poneys) une taille plus réduite qu'ailleurs. Quoi qu'il en soit, ils n'avaient pas besoin de grands chiens. Ce que l'homme cultivait pour lui-même (céréales, légumes, etc.) était protégé des intempéries par des murets de pierres. Ces murets, appelés également « toons », pouvaient facilement être sautés par les poneys et les moutons qui aimaient se nourrir dans les champs. Les petits chiens ont alors servi à éloigner les animaux des cultures, offrant ainsi une seconde version de l'origine du nom

Le champion Zygotes Golden Bow avec son splendide chiot (photo Feldhoff)

« toonies » sous lequel ils étaient désignés jusqu'au XIXe siècle.

Les échanges entre les îles et les territoires situés plus au sud commencèrent au XVe siècle. De nombreuses familles quittèrent l'Écosse pour les Shetland, emportant leurs chiens avec eux. Le nombre de sujets typiques de la race d'origine avait diminué considérablement à la fin du XIXe siècle. En outre, durant cette période, certains éleveurs ayant des moutons importèrent de Grande-Bretagne des Colleys de travail en pensant améliorer leurs « toonies ». Ils commencèrent à effectuer des croisements qui entraînèrent les premières mutations de type. D'autres éleveurs restèrent au contraire fidèles aux anciens « toonies » et, pour préserver la race, créèrent en 1908 le Shetland Collie Club, association qui ne fut toutefois pas reconnue par le sévère Kennel Club. Une des raisons pour lesquelles le Kennel Club ne voulut pas reconnaître cette association est aussi que les éleveurs de Colleys étaient fermement opposés à l'utilisation du mot « colley » pour désigner ces petits chiens.

Sur la revue *Collie folio*, datée de 1908, on peut lire : « [...] les Colleys étaient peu nombreux et les bobtails avaient disparu. La chose la plus intéressante a été de trouver inscrits deux « Shetland toys »,

Tesoro Wish Upon a Star, Shetland mâle fauve de B. Bertarini (photo Corrado)

appelés par erreur 'Colleys miniatures'. Ce sont les premiers que l'on voit en Angleterre et c'est un soulagement que de constater qu'ils sont inscrits dans la classe 'variety'. On n'a jamais vu de bâtards aussi prononcés et ils ne possèdent certainement pas la moindre caractéristique qui les rapproche d'un colley [...] ». En réalité, une hypothèse explique la diffusion du Shetland en Angleterre par une action économique délibérée. Un habile commerçant des îles Shetland aurait réussi à faire passer une famille de « toonies », qu'il aurait élevée lui-même, pour les derniers sujets de race pure et de grande valeur. Si le mélange d'origine des *shelties* restera toujours un mystère, ce qui est certain, c'est qu'une fois qu'ils sont arrivés sur les rings d'exposition, ils ont commencé à être sélectionnés dans le but de produire des Colleys miniatures.

C'est le Scottish Shetland Sheepdog Club qui, à partir de 1909, a commencé à tenir un livre généalogique et à reprendre le standard. Il est curieux de constater que dans ce standard, comme dans celui des Colleys, on admettait aussi bien le Shetland à poil long (rough) que celui à poil court (smooth). Malgré l'absence de reconnaissance du Kennel Club, il semblerait que les Shetland aient été présents au Cruft's dès 1909 et qu'à partir de 1910, ils aient été inscrits dans cette exposition comme une race à part entière, avec la participation de sujets anglais et écossais. Dans le standard de 1914, le Shetland à poil court est exclu et la taille idéale est fixée à 12 inches (30,5 cm). C'est au cours de cette même année qu'est né le premier club anglais (English Shetland Sheepdog Club) et la race a finalement été reconnue par le Kennel Club qui a autorisé l'attribution d'un CC : ces chiens ont donc eu la possibilité d'obtenir le titre de champion anglais. Le premier Shetland qui a remporté un CC a été Frea, une femelle blanc-noir, à Birmingham en 1915. La même année, Clifford Pat a gagné le premier CC du Cruft's pour cette race. Pat a été le premier champion She-

Ch. Mond., Eur., Int. Ruscombe Starlit Night em Belaju, Shetland tricolore. Propr. Belarmino et M. J. Martins (photo Martins)

tland qui a également remporté le CC du Cruft's. Pendant cette période, beaucoup de croisements ont été réalisés avec des Colleys d'exposition pour améliorer le type : la mère du Ch. Woodvold (champion en 1916) était par exemple un Colley. Les croisements entre les deux races ont également continué pour augmenter les lignées sanguines des Shetland qui avaient souffert pendant la Première Guerre mondiale : c'était une race jeune faiblement représentée. À cause de ces croisements, le club anglais fut obligé, en 1923, de changer le standard, en autorisant une hauteur au garrot comprise entre 12 et 15 inches et en fixant la hauteur idéale à 13,5 inches (34,3 cm). Durant les années 20, les éleveurs n'arrivaient pas à se mettre d'accord sur le type de tête que devait avoir un Shetland. Certains, comme Mr. Pierce (élevage Eltham Park), considéraient que le type à rechercher devait être celui du Colley, avec une tête longue, tandis que d'autres soutenaient qu'il était préférable qu'il soit comme celui du Border Collie. C'est l'élevage Eltham Park qui s'est imposé en produisant de nombreux champions et, au fil du temps, le Shetland s'est rapproché du type Colley.

Ces petits chiens sont devenus plus nombreux entre les deux guerres, tout comme leurs éleveurs. Un des étalons les plus importants, vainqueur du Cruft's en 1939, a été Ch. Nicky of Aberlur. Étant donné la période historique, il fut peu utilisé comme reproducteur mais donna naissance à des sujets d'une importance fondamentale dans l'après-guerre pour le redémarrage de la race. Parmi les élevages de cette triste période, il faut citer également Riverhill, affixe reconnu en 1931, qui a produit des sujets de valeur jusqu'aux années 80. Les autres élevages qui ont produit de nombreux champions en Angleterre sont Dilhorne, Melvaig, Callart, et Jefsfire. On peut également citer les vainqueurs ou ceux qui ont eu des places d'honneur dans les rassemblements des différents Cruft's, ce qui témoigne du très bon type et de la construction anatomique de qualité qu'avaient atteints ces petits chiens de berger. En 1967, c'est la Ch. Deloraine Dilys of Monkwood's, une femelle fille d'un Riverhill, qui remporta le titre. Ce Shetland fauve a non seulement remporté des succès dans les expositions mais elle a aussi été mère de quatre champions qu'elle a eus avec quatre étalons différents. Sa lignée s'est poursuivie par quatre générations ininterrompues de femelles championnes.

En 1994, le Ch. Rowancrest Regality se plaça deuxième de sa catégorie au Cruft's, après avoir été examiné par le juge expérimenté Albert Wight (éleveur du Ch. Sharval the Delinquent, un des Shetland les plus primés, et de son fils Sharval Sandpiper, le premier à remporter le titre de meilleur sujet parmi les chiens de

Ch. Angl. Myriehewe Rosa Blue, femelle Shetland bleu merle vainqueur de sa catégorie au Cruft's de 1995 (photo Alan Burfitt)

toutes races lors d'un championnat en Angleterre). En 1995, ce fut au tour de la Ch. Myriehewe Rosa Blue, une splendide femelle bleu merle, de remporter cette compétition alors qu'elle n'était âgée que de vingt mois. Cette femelle descend de la Ch. Deloraine Dilys, la seule autre Shetland à avoir remporté un titre lors d'un Cruft's à la suite de son père et de sa mère.

En Italie, les premiers sujets furent importés de Grande-Bretagne par Mr. Corsiglia et par la princesse Carafa di Rocelle. Depuis plusieurs années, les Shetland sont élevés par Mme Lavoratti (affixe Daisy's), qui a produit de nombreux champions, ainsi que par G. Cazzaniga (affixe della Corona Ferrea) et par M. Holland (affixe Ariom). Le nombre de chiots inscrits à l'ENCI reste toutefois très faible. En France, la SCC a enregistré 888 naissances de Shetland en 1997.

Ch. Ital. Landover's Enfys. Propr. Bertarini (photo Manzini)

COLLEYS ET SHETLAND SUR INTERNET

Pour les passionnés des autoroutes électroniques, voici quelques pages intéressantes.

• Pour obtenir des informations sur les Colleys :
– http://stout.ma02.bull.com/~erics/Collie.html
– http://www.io.com/~tittle/dogs-faq/breeds/Collies.html
• Pour obtenir des informations sur les Shetland :
– http://www.zmall.com/pet_talk/dog-faqs/breeds/shelties.html
– http://www.netrail.net/~toshntaz/sheltie.html

Il existe également des « mailing list » très fréquentées pour ceux qui veulent discuter, à travers leur ordinateur, de leur race préférée avec des passionnés du monde entier. Les adresses sont les suivantes :
Collie.Request@orcrist.oit.gatech.edu
Sheltie-list@pt.com

Origines et histoire du Border Collie

par M. T. Garabelli

Les chiens de berger présentent des différences de taille, de morphologie, de caractère, de couleur et de qualité de poil assez importantes. En effet, ces caractéristiques ont été sélectionnées au cours des siècles par les bergers en fonction de leurs besoins, dictées aussi bien par leurs conditions de travail que par la race des moutons qu'ils possédaient. En Italie par exemple, dans la région de Bergame, on a dû sélectionner un chien puissant et de grande taille, capable d'inspirer le respect et la crainte aux vaches locales, grandes et infatigables. Doté d'une robe épaisse qui le protège du gel et de la neige, le Berger bergamasque peut affronter des déplacements et des nuits dans les alpages sans abri.

Pour les troupeaux de l'Italie centrale, il y a le Berger de Maremme qui garde les brebis laitières. Habituées à être soumises à la traite deux fois par jour, elles sont conduites au pâturage et surveillées par l'homme. Elles connaissent donc le chemin de la ferme et les horaires des trajets. Pour cette raison, le Berger de Maremme, chien courageux, n'est pas un vrai conducteur de troupeaux ; sa tâche consiste plutôt à défendre les moutons pendant la nuit, autrefois contre le loup et aujourd'hui contre l'homme.

En Allemagne, pour les grands troupeaux de plaine, on a choisi le Berger allemand, un chien au pas long, travailleur infatigable, capable de regrouper et de suivre sans effort un millier de moutons en revenant plusieurs fois sur ses pas.

Sur les deux versants des Pyrénées, français et espagnol, on trouve aussi bien des petits chiens agiles et vifs que des grands chiens paisibles, ce qui souligne le particularisme national propre à chaque éleveur. Les chiens de berger du nord de l'Europe et de l'Europe de l'Est sont encore différents. Cependant, tous ces chiens ont une façon similaire de travailler

Une jeune femelle de Border, Entea di Cambiano, appartenant à A. Ferretti (photo Kramer)

Un Border et un mouton dans les Highlands en Écosse (photo Kramer)

et ils dépendent de l'homme avec lequel ils collaborent et sont constamment en contact.
La Grande-Bretagne est un pays où l'élevage des moutons a toujours joué un rôle fondamental et la passion pour l'élevage, la sélection et la compétition ont toujours fait partie, par tradition, de la culture anglo-saxonne. C'est en Grande-Bretagne que nous trouvons le Border Collie, un chien dont le tempérament, les aptitudes et la façon de travailler sont assez différents des autres. Les moutons britanniques ont surtout été sélectionnés pour la viande. En Angleterre, il n'existe pas de bergers à proprement parler mais des agriculteurs pour qui les moutons représentent simplement une partie de leur activité. Ainsi, les brebis ne sont pas traites, ni amenées au pâturage, ni enfermées dans une bergerie. Elles vivent en liberté, dans de grands prés clos ou bien dans les *moors*, des endroits sauvages où ne pousse qu'un *bush* épais, constitué de bruyère et peuplé de moutons et de perdrix. Pour ces agriculteurs, le chien est indispensable et il doit être rapide, savoir travailler à distance et, en cas de besoin, prendre des initiatives.

Foxy et deux agneaux qui viennent de naître (photo A. Rota)

Descendant du Colley du XIXe siècle, le Border en a hérité une capacité de travail incomparable, avant que ce chien ne devienne populaire en raison de l'affection que lui portait la reine Victoria. Il a ensuite été sélectionné exclusivement pour sa beauté et pour les expositions, ainsi que pour ses qualités de chasseur qui proviennent probablement, sans que l'on en soit sûr, de croisements antérieurs avec des Setters et des Springers. Il est toutefois certain que dans les vieux standards du début du siècle, on pouvait lire parmi ses défauts : « couleur rousse typique du Setter irlandais » ou bien « queue frangée ». Le résultat obtenu est toutefois ce chien unique, appelé « eye dog », parce qu'il a la faculté de dominer les moutons par la seule force de son regard : il baisse les yeux et fixe leurs pattes avant, les guide en avançant subrepticement, toujours prêt à s'élancer. Les premiers Anglais qui franchirent l'océan pour aller sur d'autres continents emportèrent avec

LA RECONNAISSANCE DE LA RACE

Le Border Collie, utilisé depuis toujours comme conducteur de troupeaux, n'a été reconnu par le Kennel Club anglais qu'en 1976. Auparavant, les livres généalogiques de cette race étaient tenus exclusivement par l'International Sheep Dog Society, qui ne s'intéressait pas aux chiens pour les expositions mais uniquement pour leurs qualités de chiens de travail.

eux ce chien précieux. C'est précisément en Australie que ces chiens indispensables, irremplaçables, connurent aussitôt une très grande diffusion. Ils donnèrent naissance aux nouvelles races australiennes encore plus rapides et résistantes grâce aux croisements effectués avec le Dingo sauvage : les petits kelpies, les bergers australiens, qui « volent » sur le dos des moutons, les *Australian kattle dogs* qui conduisent les troupeaux en liberté, les petits Colleys qui travaillent en groupe et les récents *Australian thump tail.* Sur ces territoires immenses, où le rapport est d'un mouton par hectare, les animaux vivent isolés pendant douze mois de l'année et ne sont regroupés qu'une fois pour le marquage. Les agneaux naissent et grandissent à l'état sauvage et leurs territoires ne sont pas exprimés en hectares mais en kilomètres carrés. Dans ce décor, les chiens arrivent souvent derrière les chevaux, à l'arrière d'une grosse moto ou dans un hélicoptère.

En Angleterre, on dit qu'un Border Collie accomplit le travail de vingt hommes en dix fois moins de temps quand il s'agit de ramener les mou-

Un Border prêt à intervenir surveille le travail de son compagnon (photo Garabelli)

tons des *moors* à la ferme. Cela est d'autant plus vrai en Australie où, sans les Border Collie, les moutons ne pourraient pas être regroupés.
Les premières compétitions sont nées précisément de la fierté que les propriétaires ressentaient pour leurs chiens. La première édition dont on a conservé des traces s'est déroulée en Grande-Bretagne et remonte à 1873. À partir de cette date, les compétitions sont devenues tellement populaires que des spectateurs venant d'Europe, d'Amérique, d'Australie et de Nouvelle-Zélande assistent régulièrement aux célèbres International Trials. C'est un peu comme ce qui se passe avec la Siegerschau des Bergers allemands qui se déroule en Allemagne devant une foule nombreuse venue pour admirer les sujets présentés ou pour s'adjuger, parfois pour des sommes considérables, les meilleurs d'entre eux.

En Europe, depuis une dizaine d'années, se disputent les Continental, présidés par des juges anglais et auxquels participent des pays qui sont déjà à l'avant-garde comme la Suisse, l'Allemagne, les Pays-Bas et la France. Il s'agit d'épreuves spectaculaires d'habileté et de concentration incomparables au cours desquelles l'homme, le chien et le mouton doivent atteindre une synchronisation parfaite. En Italie, les compétitions amicales se déroulent depuis quatre ans dans le centre et le nord du pays. Le Border Collie a rencontré dans ce pays plus de succès dans les épreuves d'agility que dans celles de chien de berger. Ce chien a été dressé de façon différente en suivant les conseils de ceux qui connaissaient parfaitement son tempérament et les résultats obtenus ont été positifs. Pour les « traditionalistes », le Border est trop rapide et trop ner-

Le champion Cielo di Cambiano conduit par A. Benini (photo Garabelli)

Le Border sait aussi se montrer un affectueux compagnon de jeux, surtout avec les agneaux (photo A. Rota)

veux pour faire un bon chien de berger. S'il est mal dressé, il peut même constituer un danger pour les animaux.

Le Border Collie n'a pas été sélectionné pour accompagner les moutons vers les pâturages, mais plutôt pour les rechercher, les regrouper, les empêcher de s'enfuir, les séparer, les canaliser pour la désinfection et la tonte. Quand il n'est pas utilisé pour le travail, il devient dans certains cas un compagnon pour l'homme et dans d'autres, un auxiliaire attaché à sa chaîne en attendant de se rendre utile : des modes de vie, qui, cependant, ne correspondent pas du tout à la mentalité de ces chiens de berger.

LE PREMIER « SUPREME CHAMPION »

Le premier Border Collie à s'être adjugé le titre de « Supreme Champion » à l'occasion du prestigieux International Trial qui se déroule chaque année en Grande-Bretagne a été Don en 1906. Pour la première fois en 1997, ce Trial s'est déroulé en Irlande, alors qu'il avait lieu auparavant par roulement en Écosse, au pays de Galles, et en Angleterre.

Le standard du Colley à poil long

Standard FCI n° 156 du 15/04/88 (traduction effectuée par R. Triquet)

Le terme « standard » désigne le modèle idéal auquel un sujet doit se rapprocher le plus possible : il souligne toutes les qualités esthétiques et fonctionnelles que l'on demande aux chiens appartenant à une race déterminée. Il s'agit donc d'un guide pour les éleveurs qui doivent sélectionner parmi leurs propres sujets ceux qu'ils destinent à la reproduction et pour les juges qui doivent évaluer différents exemplaires présentés dans les expositions canines.

Le premier standard du Colley a été rédigé par le Collie Club, constitué à Londres en 1881 et officialisé en 1898. La dernière mise à jour approuvée par le Kennel Club britannique, que nous publions ici, date de 1988. La FCI (Fédération Cynologique Internationale) à laquelle la SCC française est affiliée, reconnaît le standard du pays d'origine des différentes races et c'est donc au standard du Kennel Club anglais que se réfèrent la plupart des pays. Il n'y a que quelques pays, dont les États-Unis et d'autres nations du continent américain, qui se réfèrent au standard qu'ils ont eux-mêmes rédigé. Bien que la description fournie par le standard soit suffisamment claire et détaillée, chaque éleveur ou juge en a une interprétation personnelle à laquelle il se réfère pour sélectionner ses sujets. C'est pour cette raison que l'on rencontre des Colleys de types différents. Malgré cela, un juge doit normalement essayer de formuler ses propres jugements en s'appuyant sur le standard plutôt que sur le type qu'il préfère.

Aspect général

Les extraits du standard officiel sont indiqués en italique dans le texte (et non dans les encadrés qui sont réservés aux informations curieuses ou plus anecdotiques). Ce qui est en caractère romain exprime notre commentaire personnel sur ce standard.
Le Collie doit séduire par sa grande beauté, son attitude digne et impassible, aucune partie du corps n'étant disproportionnée par rapport à l'ensemble.
On pourrait ajouter « comme une œuvre d'art ». En effet, un Collie ne doit pas simplement être beau et harmonieux, mais aussi parvenir à inspirer de la joie à celui qui le regarde. Malheureusement, dans cette dernière version du standard, toute référence au Colley comme chien de berger a mystérieusement disparu. L'image statique qui est donnée du Collie, que l'on peut presque comparer à une statue, ne doit pas être une fin en soi : un Collie doit s'inscrire dans son environnement, un pré, une colline, des rochers, un lieu d'où il peut surveiller facilement son

Out of Time blu di Cambiano, femelle bleu merle très bien tachetée. Propr. Nicoletti (photo A. Rota)

RÉGIONS DU CORPS

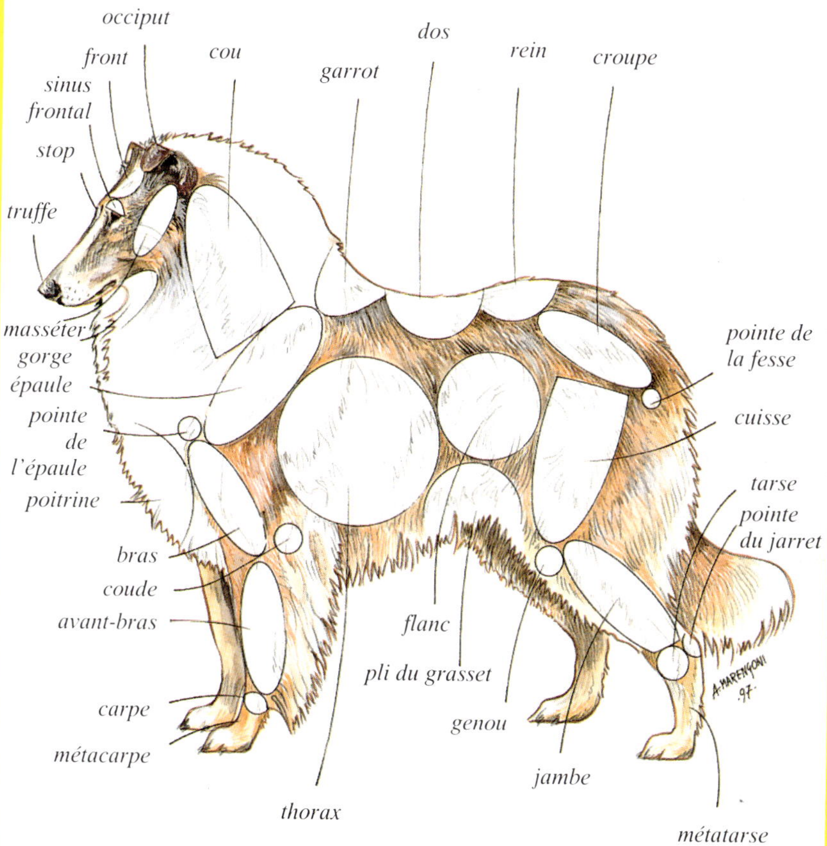

troupeau. Son *attitude digne et impassible* est celle du roi devant ses sujets (les moutons), avec la crinière du lion à la place de la couronne, le regard attentif et doux pour l'agneau, vigilant pour le bélier. Il est surtout prêt à bondir au moindre signal du berger. Il a donc besoin d'une structure bien proportionnée qui lui permette de s'élancer, de courir rapidement et de s'arrêter tout aussi vite. Le Collie a été sélectionné comme chien de travail et il doit le rester, même si la sélection a privilégié ses qualités de chien d'exposition.

Caractéristiques

Sa construction est caractérisée par la force et l'activité ; elle ne doit pas être lourde ni, en aucune façon, grossière. L'expression est des plus importantes. Tout bien considéré, elle est le résultat de l'équilibre parfait et de l'harmonie du crâne et du chanfrein, de la dimension, de la forme, de la couleur et de la position des yeux, de la position correcte et du port des oreilles.

Chacune des caractéristiques énoncées ci-dessus (crâne, museau, yeux et oreilles) sera détaillée un peu plus loin dans le standard. Ce que l'on veut souligner ici, c'est l'importance de l'expression, qui reste le point cardinal, la combinaison des différents éléments. Si un Collie n'avait pas l'expression typique de sa race, il lui manquerait

Ch. Int. Midnight Walk. Élev. et propr. élevage Aiace de R. Genovesi (photo B. Fontana)

une caractéristique fondamentale et il serait pénalisé lourdement. Sur ce point, tous les juges et éleveurs tombent d'accord, jusqu'à l'excès. En effet, au nom de l'expression, ils oublient souvent que la structure du Collie *doit être caractérisée par la force et l'activité*, ce qui implique une bonne construction.

Tempérament

Disposition amicale ; aucunement craintif ni agressif.
Le Colley doit être amical, mais en général pas excessivement joyeux. Une certaine réserve est au contraire typique de certaines races de berger. Celle-ci ne doit cependant pas déboucher sur de la nervosité, de la peur ni, surtout, de l'agressivité. En revanche, avertir en aboyant quand un inconnu franchit les limites de son territoire est une caractéristique positive chez tous les chiens. Sur un ring d'exposition, un Colley doit savoir rester tranquille et se laisser toucher sans avoir peur et sans montrer la moindre intention de mordre.

Tête et crâne

Les caractères de la tête sont d'une grande importance et doivent être considérés par rapport à la taille du chien. Vue de face ou vue de profil, la tête a la forme d'un coin bien dessiné, nettement tronqué, au contour lisse. Le crâne est plat. Les côtés de la tête vont en diminuant graduellement et sans heurt des oreilles à l'extrémité de la truffe noire, sans saillie des zygomatiques et sans museau pincé. De profil, la partie supérieure du crâne et la partie supérieure du museau offrent deux droites parallèles d'égale longueur divisées par un stop (ou dépression) léger mais perceptible. Le joint situé à égale distance des commissures internes des yeux (et qui est le centre d'un stop correctement placé) constitue le centre de la médiane de la tête. L'extrémité du museau lisse et bien arrondi est tronquée, mais jamais carrée. La mâchoire inférieure est forte, nettement dessinée. La hauteur du crâne, mesurée de l'arcade sus-orbitaire à la région sous-maxillaire n'est jamais excessive (prise à la verticale). La truffe est toujours noire.
Les dimensions de la tête doivent varier avec les dimensions du sujet et selon son sexe, de façon à être proportionnées. La tête du mâle doit être plus grande que celle de la femelle, son crâne normalement plus développé et son chanfrein plus plein. La tête est allongée, le crâne est plus long que large, plat et de la même longueur que le museau. Pour savoir si un crâne est correct, il est nécessaire de le toucher puisque la présence du poil sur sa partie postérieure, à l'attache des oreilles, ne permet pas de

Expression attentive typique de cette jeune femelle fauve : Proud to Be di Cambiano. Propr. Garabelli et Rota (photo Rota)

Rifflesea Romantical, mâle fauve doté d'une très belle expression : on peut remarquer que ses oreilles sont bien placées et bien portées et que son chanfrein pourrait être plus plein. Propr. Ulla et Eva Eriksson (photo E. Eriksson)

le juger avec exactitude. La crête occipitale doit être peu saillante, tout comme les sinus frontaux et les arcades zygomatiques. En d'autres termes, toutes les parties de la tête doivent être tronquées, sans arêtes. Les droites qui relient le crâne au museau sont parallèles et ne doivent donc pas converger comme chez le Pointer ni diverger comme chez le Braque italien. Le stop est présent mais pas aussi marqué que chez le Cocker ou le Chow- chow : il est placé au centre de la droite qui relie les coins internes des yeux. Un stop placé en dessous est considéré comme un défaut, tout comme un stop trop

TÊTE CORRECTE

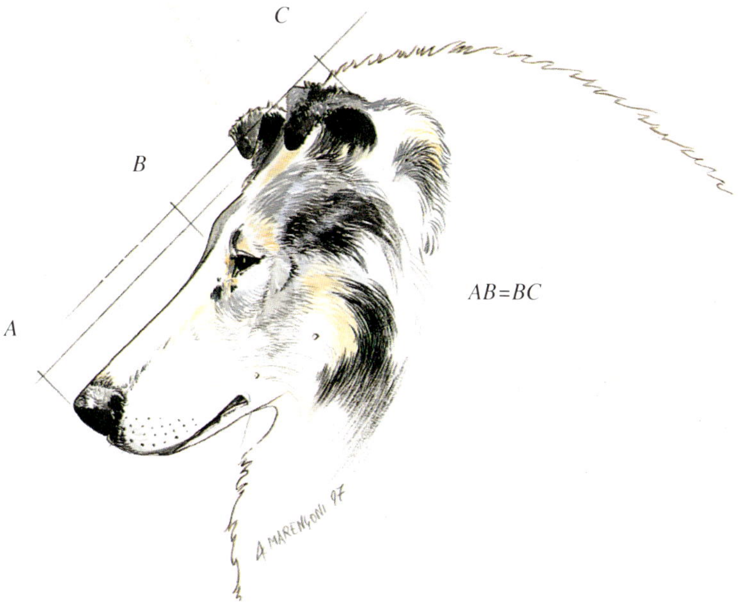

TÊTES INCORRECTES

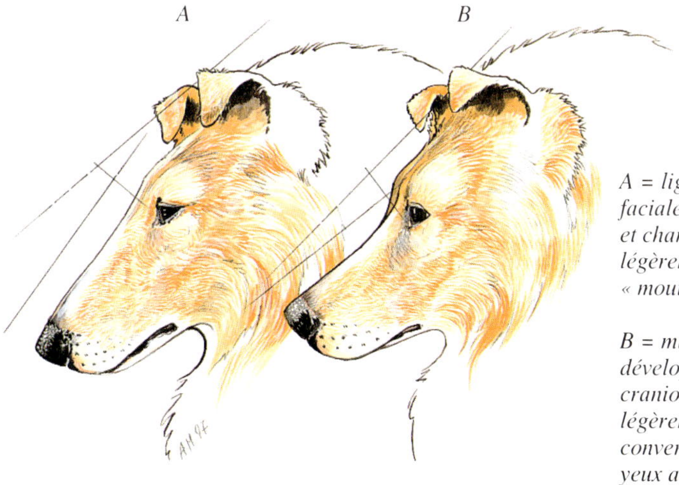

A = lignes cranio-faciales divergentes et chanfrein légèrement de type « mouton »

B = museau peu développé, lignes cranio-faciales légèrement convergentes, yeux arrondis

CLASSIQUE OU MODERNE ?

Parmi les spécialistes, on parle de têtes « classiques » et de têtes « modernes ». Si la première n'est rien d'autre que celle qui est requise par le standard, la tête « à la mode » ces dernières années est très courte, avec des droites crâne-museau convergentes, un stop prononcé et un crâne très large par rapport à la longueur de la tête. Celle-ci perd donc son aspect typique de coin allongé. On est arrivé à ce résultat en partant de l'expression de douceur qu'a la tête avec ses caractéristiques « juvéniles », presque semblables à celles d'un chiot, avant qu'elle ne s'allonge et que le stop ne s'aplatisse.

Ch. Int. Konzert for Ava di Cambiano démontre un profil parfait caractérisé par un rapport crâne-museau correct (photo M. T. Garabelli)

« plein », c'est-à-dire trop peu marqué. Ces deux défauts altèrent beaucoup l'expression des yeux. Le chanfrein est fort, sans être grossier, et l'extrémité du museau ne doit être ni pointue ni carrée. Le profil supérieur du museau est rectiligne et donc ni convexe, ni concave, et il se termine à l'avant par la truffe, toujours noire. Les lèvres adhèrent bien, sont sèches et également bien pigmentées. Toute la peau qui recouvre la tête est fine, adhère bien, et est recouverte de poil court.

Yeux

Les yeux constituent une caractéristique très importante en donnant au chien une expression de douceur. Ils sont de dimensions moyennes (jamais très petits), disposés quelque peu obliquement : ils sont en forme d'amande et de couleur brun foncé, sauf chez les bleu merle dont les yeux (un œil ou les deux yeux ou une partie d'un ou des deux yeux) sont fréquemment bleus ou tachés de bleu. L'expression est pleine d'intelligence et, lorsque le

Expression sérieuse du mâle Cambianino Blu di Cambiano. Propr. et photo A. Bockovec

chien est attentif, le regard est vif et éveillé.
La forme et la dimension des yeux, ainsi que leur couleur, sont donc d'une grande importance. La taille de l'œil est moyenne ; des yeux excessivement petits et enfoncés sont des défauts, tout comme un œil trop grand, également souvent ouvert, c'est-à-dire arrondi au lieu d'être en amande. Un défaut encore plus grave est un œil globuleux. Les paupières aussi bien supérieures qu'inférieures ne doivent pas être affectées d'entropion ni d'ectropion, c'est-à-dire ne pas être retournées vers l'intérieur ni vers l'extérieur de l'œil. La troisième paupière (ou nictitante), située à l'angle médian de l'œil, est généralement foncée.
L'expression est douce, mais pas pour autant éteinte ou absente. Beaucoup d'éleveurs aiment l'expression « rêveuse », qu'il ne faut toutefois pas confondre avec un aspect « endormi », puisque le standard recommande ensuite un regard plein d'intelligence, vif et attentif quand le Collie est à l'écoute. On en revient encore une fois au chien de berger

Étude de tête du Ch. Int. Lord Blue Blue Night : la douceur de son regard est mise en évidence chez ce mâle. Propr. Garabelli et Rota (photo S. Sensieri)

d'origine qui attend attentivement un signe ou un ordre de son maître.

Oreilles

Les oreilles sont petites et pas trop rapprochées au sommet du crâne ni trop écartées. Au repos, elles sont portées en arrière mais, quand le chien est attentif, elles sont ramenées vers l'avant et portées semi-dressées, c'est-à-dire que l'oreille est dressée approximativement dans ses deux premiers tiers tandis que le tiers supérieur retombe naturellement vers l'avant, en dessous de l'horizontale.

Cette description est claire et ne devrait entraîner aucun malentendu. Des oreilles placées au centre et au sommet du crâne, rapprochées, représentent un défaut, tout comme des oreilles trop espacées et divergentes. On rencontre souvent deux graves défauts : des oreilles grandes, larges et qui retombent sur plus d'un tiers et des oreilles portées droites, comme un Berger allemand. Un Colley doit être vigilant et attentif et ses oreilles doivent donc être très mobiles.

Mâchoires

Les dents sont de bonne taille. Les mâchoires sont fortes et présentent un articulé en ciseaux parfait, régulier et complet, c'est-à-dire que les incisives supérieures recouvrent les inférieures dans un contact étroit et sont implantées bien d'équerre par rapport aux mâchoires.

Le standard ne fait aucune référence au nombre de dents, mais en Europe, la plupart des juges considèrent comme un grave défaut une dentition incomplète. L'articulé en ciseaux signifie que les faces internes des incisives supérieures sont en contact avec les faces externes des

LA DENTITION DU CHIEN

Le chiot naît sans dents et les premières incisives apparaissent quand il est âgé de deux semaines environ. La dentition de lait est composée de 28 dents (3 incisives, 1 canine et 3 prémolaires pour chaque demi-arcade). Elle est complète vers l'âge de 6-8 semaines. Cette dentition peut être décrite par la formule :

$$I\frac{3}{3}\ C\frac{1}{1}\ P\frac{3}{3}$$

Vers l'âge de deux mois, les premières incisives permanentes sortent, suivies par les canines, les prémolaires et enfin les molaires. La quatrième prémolaire apparaît quand le chien est âgé de quatre à cinq mois. La dentition complète, c'est-à-dire composée de 42 dents, est achevée à l'âge de 6-7 mois. Chez le chien adulte, on observe la formule dentaire suivante :

$$I\frac{3}{3}\ C\frac{1}{1}\ P\frac{4}{4}\ M\frac{2}{3}$$

incisives inférieures. Le prognathisme (fermeture semblable à celle du Boxer) et la rétrognathie (c'est-à-dire quand il y a un espace entre les faces internes des incisives supérieures et les faces externes des incisives inférieures) sont des défauts. Le premier défaut est plutôt rare chez le Colley tandis que le second se rencontre plus fréquemment.

Cou

Le cou doit être musclé, puissant, de bonne longueur et bien galbé.

L'encolure est d'une grande importance chez le Collie parce qu'il donne au chien son aspect élégant et digne spécifié par le standard. Un cou « court », enfoncé entre les épaules et un port de tête pas suffisamment fier sont pénalisés. En outre, le cou remplit une fonction importante. Un cou trop long et peu musclé romprait l'équilibre, surtout en mouvement.
Le cou comprend aussi ce que l'on appelle le « jabot » de fourrure, c'est-à-dire l'endroit où le poil est le plus abondant.

Même vu de dos, un Colley doit surprendre par son port dû à l'élégance de son encolure (photo M. Petri)

Avant-main

Les épaules sont obliques et bien angulées. Les membres antérieurs sont droits et musclés. Ils ne sont ni rentrés ni sortis au niveau des coudes et les os sont ronds et modérément développés.

L'angle optimal que doit former l'épaule par rapport à l'horizontale est de 45-50 ° ; l'humérus doit former un angle identique ou légèrement supérieur. Une épaule placée plus verticalement empêcherait « l'allongement » de l'avant-main pendant le mouvement. Le bras et le coude sont collés au thorax, qui doit donc avoir une forme correcte. L'avant-bras est droit, la patte bien d'aplomb qui, vue de face, forme une ligne perpendiculaire au sol. Quand elle est vue de profil, elle est naturellement fléchie au niveau du carpe. Le métacarpe s'insère dans le pied en faisant un petit angle avec le sol. L'ossature des membres est moyenne, sans être grossière ni fine, leur musculature développée. L'avant-bras est recouvert d'un poil court dans la partie crânienne tandis que la partie caudale présente des franges typiques.

Ch. Int. Fatalità Blu di Cambiano. Propr. Garabelli et Rota (photo E. Kramer)

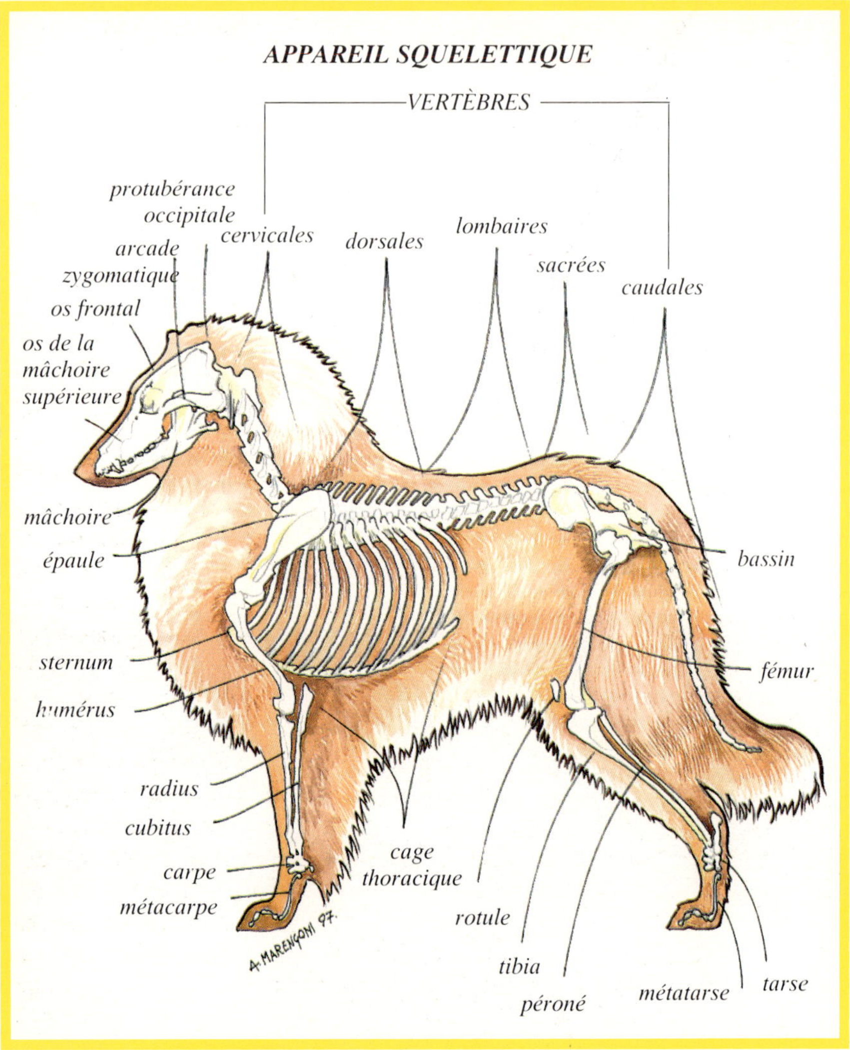

Corps

Le corps est un tantinet long si on le compare à la hauteur au garrot. Le dos est droit et bien soutenu avec une légère montée au niveau du rein. Les côtes sont bien cintrées. La poitrine est haute et assez large derrière les épaules.

Le corps d'un Colley ne s'inscrit pas dans un carré comme celui d'un Boxer et ne doit pas non plus être excessivement long. C'est un chien rectangulaire, mais pas bas sur pattes. La longueur est le résultat de l'équilibre entre le dos, les reins et la croupe et n'est pas seulement due à l'importance d'une seule de ces parties, surtout si celle-ci n'est pas en harmonie avec les autres. Le garrot n'est pas particulièrement relevé. Le dos est solide, que le chien soit à l'arrêt ou en mouvement. Il ne doit être ni excessivement concave (lordose) ni convexe (cyphose). La ligne du dos remonte légèrement sur les reins, retrouvant ainsi à peu près la même hauteur que le garrot. On trouve ensuite la croupe, ample et légèrement inclinée, point d'attache de la queue. Le thorax est profond, c'est-à-dire développé dans le sens de la longueur et ample. Les côtes sont bien descendues et arrivent au moins à la hauteur des coudes. Comme c'est la cage thoracique qui contient les poumons, on comprend sans peine l'importance qu'elle prend chez un chien de travail. Un thorax trop étroit ou au contraire trop « trapu » est un défaut. Le profil inférieur du corps remonte légèrement du sternum vers l'abdomen, sans présenter toutefois la concavité typique des lévriers.

Arrière-main

Les membres postérieurs sont musclés au niveau des cuisses. Plus bas, ils sont bien dessinés et nerveux. L'articulation du grasset est bien coudée. Les jarrets sont bien descendus et puissants.

C'est l'arrière-main qui fournit l'impulsion au mouvement. Elle doit être musclée et angulée, sans toutefois présenter des leviers longs et des angles aussi importants que chez le Berger allemand. Quand les aplombs sont corrects, le pied est en appui à l'endroit où une ligne verticale imaginaire, qui part de l'extrémité caudale de la croupe, touche le sol. Vus de derrière, les deux membres sont parallèles, avec une ligne qui part de la pointe de la fesse et qui passe au milieu des pattes, jusqu'au pied. Les aplombs cagneux (pieds dirigés vers l'intérieur et tarses vers l'extérieur) ou panards (inverses des précédents) sont des défauts. Le jarret est fort et robuste, assez

LE POIL NE DOIT PAS VOUS TROMPER

Plus un Colley est recouvert de fourrure, plus il attire les regards. La robe, chez un sujet immobile, peut toutefois cacher de nombreux défauts de construction. Quand on juge un Colley, il ne faut donc pas oublier de le toucher en essayant de suivre ses formes et de le faire trotter longtemps, afin de dévoiler d'éventuels défauts présents sur son corps ou sur ses membres.

descendu. Un jarret long et peu puissant est donc un défaut, tout comme d'ailleurs l'excès inverse.

Pieds

De forme ovale avec de bons coussinets ; les doigts sont cambrés et serrés. Les pieds postérieurs sont légèrement moins cambrés.

Les pieds du Colley ne doivent donc pas être ronds (« pieds de chat ») et ses doigts pas écartés. C'est surtout le pied avant qui a un aspect compact, tandis que l'ovale du pied arrière est plus allongé.

Allures-mouvement

L'allure est caractéristique de cette race. Un Collie qui a de bonnes allures n'a jamais les coudes sortis et pourtant, en action, ses pieds antérieurs sont relativement rapprochés. Il ne doit absolument pas tricher, croiser ni rouler dans ses allures. Vus de derrière, les membres postérieurs, de l'articulation du jarret au sol, doivent être parallèles mais pas trop serrés. Les membres postérieurs sont puissants et donnent beaucoup d'impulsion. De profil, l'allure est unie. On recherche un pas raisonnablement long ; il doit être léger et sembler tout à fait facile.

Dans la rédaction du standard, ce paragraphe assez long et détaillé a été consacré au mouvement du Colley, en soulignant son importance. Je répète encore une fois que ce chien est né pour le travail et qu'il doit donc être capable de se déplacer rapidement et de couvrir de longues distances. L'allure caractéristique est donnée par le fait que le Collie au trot a tendance à poser ses pieds sur la ligne médiane qui passe entre les deux pieds (*single tracking*). Les pattes ne doivent donc pas se déplacer parallèlement comme chez les Terriers. Le mouvement est fluide, souple, et c'est le membre postérieur qui donne l'impulsion qui se propage à travers la croupe correctement inclinée ; elle est ensuite transmise à l'avant-main qui, si elle est bien construite, doit avoir une bonne allonge pour que le chien ne tombe pas vers l'avant ni ne steppe (c'est-à-dire qu'il lève excessivement ses pattes), ce qui lui ferait couvrir moins de terrain. En mouvement, sa ligne dorsale est solide, sans roulis latéral ni affaissement.

Queue

Le fouet est long et les vertèbres caudales atteignent au moins l'articulation du jarret. Il est porté bas quand le chien est calme, mais l'extrémité se relève légèrement en courbe. Quand le chien est en action, le fouet peut être porté gaiement mais jamais sur le dos.

Tout fouet différent de ce qui est décrit ci-dessus est un défaut. Les queues plus courtes, frisées ou

LE FOUET

fouet dressé « en chandelle » (incorrect)

fouet enroulé sur le dos, attaché haut, de longueur insuffisante (incorrect)

fouet d'un sujet en attente ou en mouvement (correct)

fouet au repos (correct)

fouet qui indique une attitude craintive

déviées sur le côté sont également des défauts, tout comme celles qui sont portées haut ou même enroulées sur le dos comme un Spitz. L'attache du fouet est très importante pour déterminer le port du Colley. Elle doit en effet être située légèrement plus bas que la ligne dorsale et pas plus haut sur la croupe.

Robe

Poil

Le poil épouse les contours du chien. Il est très dense. Le poil de couverture est droit et dur au toucher. Le sous-poil est doux, dense comme de la fourrure et très serré, presque au point de cacher la peau. La crinière et le jabot sont très abondants. Le poil est lisse sur le museau, de même qu'à l'extrémité des oreilles. Il y a davantage de poils vers la base de l'oreille ; les membres antérieurs sont bien pourvus de franges ; les franges des membres postérieurs sont abondantes au-dessus des jarrets mais le poil est lisse sous les jarrets. Le poil du fouet est très abondant.

Ce texte souligne l'importance d'une robe abondante, longue et qui couvre bien le chien, caractéristique fondamentale de cette race. Il est également demandé que cette fourrure donne de l'harmonie aux formes du chien, formes qui ne doivent pas apparaître sous le poil. Le sous-poil est épais et colle à la peau et le poil de couverture est suffisamment long pour retomber

LES FOUETS ACTUELS

La longueur et le port du fouet sont de nos jours incorrects chez un grand nombre de sujets et c'est bien dommage parce que cela nuit considérablement à l'aspect général d'un Colley.
Au lieu d'une longue queue pleine de poils qui remue joyeusement et avec dignité, sans jamais trop se soulever et qui se termine par un beau nœud blanc, on trouve des fouets pelés qui se terminent à angle droit ou même portés enroulés sur le dos comme chez un Spitz.
La diffusion de ce défaut a été rendue possible par le fait que sur le ring, les chiens sont souvent effrayés par le milieu inconnu dans lequel ils se trouvent et ne soulèvent donc pas leur fouet comme ils le feraient dans leur jardin. Les plus hardis d'entre eux sont en revanche dressés pour que leur fouet reste bien abaissé pendant la compétition. Des chiens présentant ce défaut deviennent ainsi des champions et sont ensuite largement utilisés dans la reproduction, avec les conséquences inévitables que j'ai décrites.

Un concours de fouets insolite ! (photo Petri)

sur les flancs, le jarret et la croupe. La crinière et le jabot sont en revanche plus gonflés, « tirant » vers l'extérieur, tandis que sous la poitrine, des franges descendent entre les pattes avant. Des franges sont également présentes sur les pattes postérieures, sur la ligne ventrale du corps et dans la partie postérieure de la cuisse. Le poil de couverture est rêche et recouvre le sous-poil laineux. La nature du poil est importante parce qu'un poil excessivement doux et soyeux a tendance à s'emmêler et à être entièrement mouillé en cas de pluie, ce qui rend ce chien moins « rustique ».

Amalie Black on Top with Cambiano, mâle tricolore aux belles taches feu bien réparties. Propr. Garabelli (photo Kramer)

LE COLLEY À POIL COURT

Comme nous l'avons dit précédemment, il existe également une variété de Colleys à poil court assez peu répandue. Bien que son standard soit légèrement différent en ce qui concerne sa forme, les deux races sont en substance identiques sauf pour ce qui est du type de poil, qui doit être court mais dense et avec un sous-poil épais chez le Colley à poil court. Les couleurs de robe reconnues sont aussi les mêmes chez ces deux cousins.

Couleur

Les trois couleurs reconnues sont : zibeline et blanc, tricolore et bleu merle.

Zibeline : *tout ton, du doré clair à l'acajou intense ou au zibeline ombré. La couleur paille clair ou crème est à proscrire.*

Tricolore : *le noir domine avec des taches d'un feu vif aux membres et à la tête. Toute nuance rouille dans le poil de couverture est à proscrire.*

Nea Konia's Up To Date in Black, une tricolore d'un élevage hollandais. L'élevage Nea Konia's de Toka Briet est spécialisé dans cette variété : il a en effet remporté plusieurs fois le trophée si convoité de Meilleur tricolore (photo Briet)

Bleu merle : *à prédominance claire, bleu argenté, éclaboussé et marbré de noir. On préférera des marques d'un feu vif, mais leur absence n'est pas un défaut. De grandes taches noires, la couleur ardoise ou la nuance rouille, que ce soit dans le poil de couverture ou dans le sous-poil, sont à proscrire.*

Marques blanches : *toutes les couleurs ci-dessus doivent porter les marques blanches typiques chez le Collie, à un degré plus ou moins grand. Les marques blanches suivantes sont correctes : le jabot complet ou partiel ; le plastron, les marques aux membres et aux pieds et à l'extrémité du fouet. Il peut y avoir une liste blanche sur le chanfrein, sur la tête ou les deux.*

La grande championne Sonymer Blue Memory, Shetland bleu merle. Propr. Selvaspina Shelties (photo Albrigo)

Hot Hot Night di Cambiano de M. T. Garabelli et A. Bockovec. Cette femelle tricolore a obtenu de très bonnes places sans être pénalisée par son absence partielle de jabot (qui ne doit en effet pas être considérée comme un défaut) (photo Rota)

Ch. Reprod. Concerto di Ballo di Cambiano, mâle fauve « génétique », c'est-à-dire qui produit des chiots fauves même s'il est accouplé avec des femelles tricolores. Propr. et photo Rota

Il n'existe donc pas de Colleys unicolores. La couleur feu, présente chez les tricolores et les bleu merle, apparaît sous la forme de taches de poil fauve qui tendent plus ou moins sur le roux. Ces taches sont localisées typiquement au-dessus de chaque oreille, sur les côtés du chanfrein et des joues, sur la face interne des oreilles, sur les membres, dans la zone où se termine la partie colorée, avant la tache blanche, et sous le fouet. Les reflets roux dans le poil noir ou bleu, considérés comme des défauts, ne doivent pas être confondus avec ceux qui sont dus aux poils morts ou décolorés par le soleil. De même, le duvet des chiots ou des jeunes chiens n'est jamais vraiment noir mais plutôt gris foncé. Dans les expositions, les trois couleurs concourent, par sexe, dans la même catégorie.

QUI AVEC QUI ?

Il n'existe pas de restrictions en matière d'accouplements entre des Colleys à la robe différente. Génétiquement, les fauves peuvent être distingués en homozygotes et hétérozygotes, ces derniers étant porteurs du gène du tricolore (récessif). Le tricolore est toujours homozygote pour le gène qui détermine cette couleur. Ainsi, quand on accouple un fauve homozygote avec un tricolore, on n'obtient que des chiots fauves, tandis que si le fauve accouplé avec le tricolore est hétérozygote, on obtient dans les mêmes proportions des chiots des deux couleurs. Si l'on accouple deux fauves hétérozygotes, on peut obtenir aussi bien des chiots fauves que tricolores, mais ces derniers dans la proportion de 1 à 4. Le bleu merle est le résultat de l'association du gène du tricolore homozygote et de celui que l'on appelle merle, hétérozygote. Les bleu merle sont généralement accouplés avec des tricolores et moins fréquemment avec d'autres bleu merle. L'accouplement entre fauve et bleu merle est toutefois rarement effectué parce qu'une partie des chiots sera fauve merle (sable merle), une couleur qui n'est pas reconnue par le standard de la FCI.

Des sujets « sable et merle » peuvent naître de l'accouplement entre un bleu merle et un fauve. Cette couleur se reconnaît facilement en regardant le duvet des chiots qui est sable clair avec des taches grises ; chez les sujets adultes, au contraire, la couleur devient uniforme et, parfois, semblable au fauve. Leurs yeux peuvent être bleus. Cette variété ne peut pas être inscrite au LOF parce qu'elle n'est pas reconnue par la FCI (photo Moricci)

Taille

Mâles : 56 cm à 61 cm au garrot.
Femelles : 51 cm à 56 cm au garrot.
La taille est mesurée du garrot au sol. Dans la version actuelle du standard, on ne mentionne pas le poids qui était en revanche précisé dans la précédente.
On demandait, pour les mâles, un poids compris entre 20 et 27 kg et pour les femelles, entre 18 et 22,5 kg.
Un poids qui sort de ces limites n'est plus considéré comme un défaut mais cela donne une indication sur l'ossature souhaitée.

Défauts

Tout écart par rapport à ce qui précède doit être considéré comme un défaut qui sera pénalisé en fonction de sa gravité.

N.B. Les mâles doivent avoir deux testicules d'apparence normale complètement descendus dans le scrotum.

Roclynn Kings Minstrel, Ch. Mond. Jeune. (Berne 1994) et Ch. Mond. (Bruxelles 1995). Propr. J. Balazsovitz (photo Levkova)

LE COLLEY EN AMÉRIQUE

Aux États-Unis, le Collie est jugé selon un standard assez différent du standard anglais. La plus grande différence concerne la taille, qui a été rehaussée, aussi bien chez les mâles que chez les femelles, de 5 cm environ. Les sujets obtenus sont donc non seulement plus grands, mais aussi plus massifs et plus lourds. En effet, le poids indiqué dans le standard américain est de 33 kg pour les mâles ! Les têtes sont plus longues, moins triangulaires vues de dessus et plus hautes quand on observe le crâne de profil. Le stop est extrêmement peu marqué, les oreilles attachées très haut, au centre du crâne et à peine repliées. Les règles de toilettage du Colley en Amérique imposent en effet que les oreilles soient rasées et donc privées d'une bonne partie du poil qui pèse normalement sur la pointe de l'oreille. Le poil situé derrière le crâne est également retiré, ce qui change la tête de ces chiens et leur donne une expression plus dure que celle des Colleys « européens ». En revanche, une plus grande attention est portée à leur construction générale, qui est certainement meilleure que la moyenne de nos Colleys. Par conséquent, leur mouvement est également meilleur. Une autre différence est la plus grande variété de couleurs autorisées. Il y en a une parmi celles-ci qui est très intéressante : c'est le Colley entièrement blanc dont seule la tête est colorée.

ENSEMBLE CORRECT

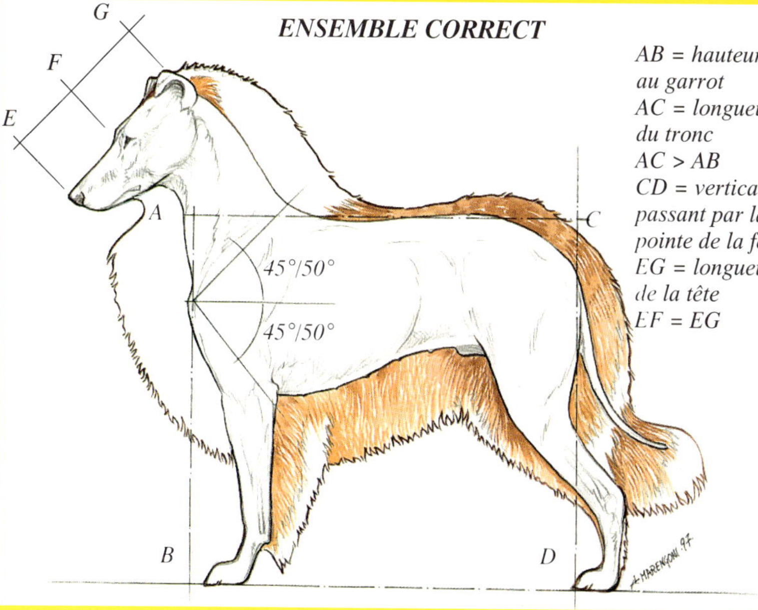

AB = hauteur au garrot
AC = longueur du tronc
AC > AB
CD = verticale passant par la pointe de la fesse
EG = longueur de la tête
EF = EG

Le standard du Shetland (ou Berger des Shetland)

Standard FCI n° 88 du 15/04/88 (traduction effectuée par R. Triquet)

Aspect général

Petit chien de travail à poil long, d'une grande beauté, en aucune façon lourd ni grossier. Harmonie de formes, de telle sorte qu'aucune partie ne semble disproportionnée par rapport à l'ensemble. Le pelage, la crinière et le jabot très fournis, la tête bien sculptée, la douceur de l'expression concourent à la présentation du Shetland idéal.

Caractéristiques

Éveillé, doux, intelligent, solide et actif.

Tempérament

Affectueux et réceptif vis-à-vis du maître, réservé envers les étrangers, jamais craintif.

Tête et crâne

La tête est raffinée dans ses lignes et, vue de dessus ou de profil, elle a la forme d'un coin allongé, tronqué, allant en diminuant progressivement de l'oreille à la truffe. La largeur du crâne est proportionnée à la longueur du crâne et du museau. L'ensemble doit être considéré par rapport à la taille du chien. Le crâne est plat, d'une largeur modérée entre les oreilles, sans proéminence de la crête occipitale. Les joues sont plates et se fondent doucement dans un museau bien arrondi. Le crâne et le museau sont d'égale longueur et le centre en est la commissure interne de l'œil. De profil, la ligne supérieure du crâne doit être parallèle à la ligne supérieure du chanfrein avec un stop peu accusé mais net. La truffe, les lèvres et le pourtour des yeux sont noirs. L'ex-

Étude de tête d'un Shetland appartenant à l'élevage von Crottorf, de la baronne Dina von Hahn (photo Kramer)

pression caractéristique est le résultat de l'équilibre parfait et de l'harmonie du crâne et du chanfrein, de la forme, de la couleur et de la position des yeux, de la position et du port correct des oreilles.

Mâchoires

Mâchoires d'égale longueur, nettes, fortes ; la mâchoire inférieure est bien développée. Lèvres serrées. Dents saines présentant un articulé en ciseaux parfait, régulier et complet, c'est-à-dire que les incisives supérieures recouvrent les inférieures dans un contact très étroit et sont implantées bien d'équerre par rapport aux mâchoires.

Yeux

Les yeux sont de dimensions moyennes, disposés obliquement, en forme d'amande. Ils sont de couleur brun foncé sauf chez les merles où un œil ou les deux peuvent être bleus ou tachés de bleu.

Oreilles

Elles sont petites et modérément larges à la base, placées assez près l'une de l'autre au sommet du crâne. Quand le chien est au repos, elles sont rejetées en arrière mais, quand il est attentif, elles sont ramenées vers l'avant et portée semi-dressées, les pointes retombant vers l'avant.

Cou

Le cou est musclé, bien galbé, d'une longueur suffisante pour que la tête soit portée fièrement.

Avant-main

Épaules bien inclinées vers l'arrière. Au garrot, les omoplates ne sont séparées que par les vertèbres mais elles s'inclinent vers l'extérieur pour permettre la courbure des côtes qui est recherchée. L'articulation scapulo-humérale est bien angulée. Le bras et l'omoplate sont de longueur approximativement égale. Le coude est à égale distance du garrot et du sol. Les membres antérieurs doivent être d'aplomb quand ils sont vus de face, musclés et nets ; leur ossature est forte. Les canons métacarpiens sont solides et flexibles.

Corps

La longueur du corps, de la pointe de l'épaule à la pointe de la fesse, est légèrement supérieure à la hauteur au garrot. La poitrine est haute : elle atteint la pointe du coude. Les côtes sont bien cintrées mais elles s'inclinent en fuseau dans leur moitié inférieure pour permettre le libre jeu des antérieurs et des épaules. Le dos est droit et la ligne du rein présente une gracieuse courbure. La croupe s'incline graduellement vers l'arrière.

Arrière-main

La cuisse est large et musclée. Le fémur forme avec le coxal un angle droit. L'articulation du grasset offre un angle nettement marqué.

Zygotes Golden Bow, vainqueur d'au moins dix championnats parmi lesquels un championnat mondial et un international en 1995. Il a également obtenu de bons classements dans plusieurs compétitions de mini-agility A1 et de mini-jumping (photo Brockhaus)

Le jarret est net, anguleux et bien descendu ; son ossature est forte. Vu de derrière, le canon métatarsien doit être d'aplomb.

Pieds

De forme ovale. Coussinets bien épais, doigts cambrés et serrés.

Queue

Attachée bas. Les vertèbres caudales vont en s'amenuisant progressivement et atteignent au moins la pointe du jarret. Le poil est abondant. La queue offre une légère courbure vers le haut. Elle peut se relever légèrement quand le chien est en action mais jamais au-dessus du niveau du dos. Elle n'est jamais nouée (N.D.A.: grossissements, déviations).

Allures-mouvement

Allures souples, unies et gracieuses, l'impulsion étant donnée par les membres postérieurs, le chien couvrant le maximum de terrain avec le minimum d'efforts. Le fait de tricoter ou de rouler dans les allures, l'amble, la démarche raide du chien monté sur des échasses, l'allure sautillante avec déplacement vertical important constituent de très graves défauts.

Encore Zygotes Golden Bow pendant un parcours en compétition. Propr. et photo Brockhaus

Robe

Poil

Le poil est double. Le poil de couverture, long, est droit et dur de texture. Le sous-poil est doux, court et serré. La crinière et le jabot sont très abondants et les membres antérieurs sont bien frangés. Les membres postérieurs sont couverts d'un poil très abondant au-dessus des jarrets, mais en dessous, le poil est assez court. Le poil de la face est court. Les spécimens connus sous le nom de « poil court » sont à rejeter.

Couleur

Zibeline : *clair ou ombré ; tous les tons sont admis, du doré pâle à l'acajou intense mais dans sa nuance, la couleur doit être d'un ton soutenu. Le louvet et le gris sont à éviter.*
Tricolore : *un noir intense sur le corps ; on préférera chez les tricolores des marques d'un feu vif.*
Bleu merle : *bleu clair argenté, éclaboussé et marbré de noir. On préférera des marques d'un feu vif mais leur absence ne doit pas être pénalisée. De grandes taches noires, la couleur ardoise ou la nuance rouille, que ce soit dans le poil de couverture ou dans le sous-poil, sont à proscrire. L'effet produit doit être le bleu.*
Noir et blanc, noir et feu : *ce sont également des couleurs reconnues. Les marques blanches peuvent apparaître (sauf chez les noir et feu) sur la tête, le poitrail, le jabot, les membres, l'extrémité de la queue ; elles peuvent former une liste ou un collier. Les marques blanches seront préférées, en partie ou dans leur totalité (sauf chez le noir et feu), mais leur absence ne sera pas considérée comme un défaut. Les taches blanches sur le corps sont à proscrire.*

Taille

La hauteur au garrot idéale est de 37 cm pour le mâle et de 35,5 cm chez la femelle. Tout écart de plus de 2,5 cm en plus ou en moins par rapport à ces tailles constitue un défaut très grave.

Défauts

Tout écart par rapport à ce qui précède doit être considéré comme un défaut qui sera pénalisé en fonction de sa gravité.

N.B. Les mâles doivent avoir deux testicules d'apparence normale complètement descendus dans le scrotum.

Le standard de cette race est très détaillé et laisse peu de place aux commentaires. Il peut toutefois être utile de souligner quelques points.

Ch. Int. Port., Esp., Gib. Angel Black Prince de Belaju, Shetland noir et feu mâle (photo Martins)

Avant toute chose, le Shetland n'est pas un « jouet » et malgré sa petite taille, il doit posséder toutes les caractéristiques d'un chien de travail, c'est-à-dire être construit de façon fonctionnelle.

Il est également faux de le considérer comme un Colley nain : le Shetland n'a pas les caractéristiques physiques du nanisme et ce n'est pas une copie du Colley en miniature. Son caractère est également différent de celui du Collie puisque le Shetland est plus actif et plus joueur que ce dernier. Chez certains sujets, cette vivacité se transforme en nervosité, bien que cette caractéristique ne soit pas souhaitable.

La tête est d'une grande importance chez cette race. Elle ne doit pas être grossière et lourde et le stop ne doit pas être trop prononcé. Il ne faut pas que le crâne soit arrondi ni que le museau soit court et pointu (ces derniers défauts étaient plus fréquents autrefois et provenaient probablement des parents de races *toy* utilisés pour réduire la taille de cette race après des croisements avec des Collies. Comme chez le Colley, seule une tête bien équilibrée et correcte peut donner l'expression désirée, pleine de douceur et d'intelligence. Naturellement, les yeux et le port des oreilles contribuent aussi à la déterminer. Chez cette race, la dentition doit obligatoirement être complète.

Le cou est long et modérément courbé et il rejoint harmonieusement la ligne supérieure du dos. Celle-ci est ferme, aussi bien à l'arrêt qu'en mouvement, remonte en pente douce vers le rein puis s'incline en haut de la queue, à la hauteur de la croupe. La queue est attachée bas.

Les proportions du Shetland sont un élément très important. Son corps ne doit pas être carré, mais construit en rectangle. Toutefois, ses membres ne sont pas courts et bien angulés. Ce dernier point est très important si l'on veut obtenir une allure efficace et fluide, élégante et sans que le chien ait tendance à « stepper » (lever excessivement les membres postérieurs).

Naturellement, la taille est une particularité essentielle de la race et malheureusement aussi une des caractéristiques les plus difficiles à prédire chez un chiot. Le poil, bien qu'abondant, ne doit pas dissimuler les lignes du corps. Il est intéressant de noter la présence de deux types de robes bicolores (en dehors du fauve et du blanc), le noir et feu et le noir et blanc, qui sont toutefois assez peu répandues.

Comme chez toutes les autres races, il faut que les deux testicules soient bien descendus dans le scrotum. Malheureusement, la rétention d'un ou des deux testicules dans l'abdomen ou dans le canal inguinal est un problème que l'on rencontre chez le Shetland.

LA CRYPTORCHIDIE

La cryptorchidie désigne l'absence de descente des testicules dans le scrotum. Les testicules restent alors dans l'abdomen ou dans le canal inguinal ; ce défaut peut être bilatéral ou monolatéral. Dans ce dernier cas, on parle souvent de monorchidie, bien que cela ne soit pas correct puisque ce terme désigne en réalité l'agénésie complète d'un testicule.

Les sujets atteints de cryptorchidie ne peuvent pas participer à des expositions ou à des épreuves de travail et ne devraient pas être utilisés dans la reproduction.

Le standard du Border Collie

par M. T. Garabelli

Standard FCI n° 297 du 24/08/88 (traduction effectuée par R. Triquet)

Aspect général

Chien bien proportionné ; la noblesse, l'élégance et l'équilibre parfait de la silhouette harmonieuse se combinent avec une substance suffisante pour donner une impression d'endurance. Tout manque d'harmonie comme tout manque de substance est à éviter.

Caractéristiques

Chien de berger tenace, travailleur et très docile.
Dans la description de son aspect général comme de ses caractéristiques, il est souligné que le Border Collie doit se présenter comme un chien de travail, doté de suffisamment de « substance » (à ne pas confondre avec « lourdeur »), un athlète infatigable qui dégage de la force, capable d'affronter tout type de terrain et de situation. Il reste malgré cela un chien noble et élégant qui se déplace dans un style unique qui le différencie de tous les autres chiens de berger.

Tempérament

Ardent, vigilant, réceptif et intelligent. Ni craintif ni agressif.
Un Border doit se distinguer par son expression éveillée dans laquelle transparaît son désir d'apprendre, de travailler et de faire plaisir à son maître. Conducteur de troupeaux et non gardien, il sait aussi se montrer doux, affectueux et amical. Une attitude qui dénote de la méchanceté ou de l'agressivité devra être pénalisée. Une certaine méfiance est acceptée mais il ne faut pas la confondre avec de la peur, qui sera de toute façon surmontée après les premières approches.

Un Border qui attend un ordre... Propr. P. Esposito (photo Garabelli)

Tête et crâne

Crâne passablement large. L'occiput n'est pas prononcé. Les joues ne sont ni pleines ni arrondies. Le museau qui va en s'amenuisant vers l'extrémité est modérément court et fort ; le crâne et le museau sont approximativement de la même longueur. Le stop est bien marqué. La truffe est noire sauf chez les sujets à robe marron (chocolat) où elle peut être brune. Quand la robe est bleue, la truffe doit être de couleur ardoise. Les narines sont bien développées.
Le crâne du Border doit conserver sa largeur pour qu'il ait l'air carré ; la tête, dans son ensemble, doit aller en s'amenuisant légèrement vers la truffe. Ainsi, le chanfrein ne doit jamais être pointu ni trop fuselé par rapport au crâne. Le stop doit être constitué par la dépression naso-frontale et non par des arcades sourcilières trop prononcées. En effet, le crâne doit être suffisamment plat, ni en boule ni arrondi vers les joues.

Yeux

Les yeux sont bien écartés, de forme ovale, de couleur brune sauf chez les chiens merle où l'on admet qu'un œil ou les deux yeux soient bleus, en partie ou en totalité. L'expression est douce, vive, éveillée et intelligente.
L'œil est l'expression de l'âme du Border. C'est en effet avec son œil que ce chien travaille, dominant les moutons de son regard. Une expression trop dure et trop fixe dénote une moindre disponibilité à l'apprentissage et n'est pas typique. Le regard doit en revanche dégager une impression d'attente, de rapidité des réflexes et de dévouement total. La couleur de l'œil doit être marron mais pas nécessairement foncé puisque le terme « brun » autorise toutes les nuances. Une couleur virant sur le jaune doit en revanche être pénalisée.

Oreilles

Les oreilles sont de taille et de texture moyennes, bien écartées, portées droites ou semi-dressées.
Même si l'on a tendance à rechercher chez le Border Collie une oreille semi-dressée typique du

Colley, les oreilles entièrement dressées ne doivent pas être pénalisées. Les oreilles trop petites, attachées haut et rapprochées sont en revanche considérées comme un défaut. La forme et la consistance des oreilles du Border Collie sont toutefois assez différentes de celles du Colley, tout comme leur façon de se replier vers l'avant : elles sont larges à la base et présentent souvent un pli latéral et plus arrondi à l'extrémité.

Mâchoires

Les dents et les mâchoires sont fortes et présentent un articulé en ciseaux parfait, régulier et complet, c'est-à-dire que les incisives supérieures recouvrent les inférieures dans un contact étroit et sont implantées bien d'équerre par rapport aux mâchoires.

Cou

L'encolure est de bonne longueur, forte et musclée, légèrement rouée ; elle va en s'élargissant vers les épaules.

Le standard souligne que l'encolure doit être « légèrement rouée » ; une encolure soutenant une tête trop droite, « en cygne » doit être pénalisée puisqu'elle ne permet pas au chien d'adopter ses allures typiques.

Avant-main

Vus de face, les membres antérieurs sont parallèles. Vus de profil, les canons métacarpiens sont légèrement obliques. L'ossature est assez forte mais sans lourdeur. Les épaules sont bien inclinées ; les coudes sont contre le corps.

Corps

D'apparence athlétique. Les côtes sont bien cintrées ; la poitrine est bien descendue et assez large. Le rein est bien descendu et musclé. L'abdomen n'est pas remonté au niveau du flanc. La longueur du corps est légèrement supérieure à la hauteur au garrot.

Arrière-main

L'arrière-main est large et musclée ; son profil descend gracieusement vers l'attache de la queue. Les cuisses sont longues, larges et musclées ; les grassets sont bien angulés, les jarrets sont forts et bien descendus. Du jarret au pied, les postérieurs doivent avoir une bonne ossature et, vus de derrière, ils sont parallèles.

Dans la description de la constitution générale, le standard du Border est assez exhaustif et souligne sur chaque point qu'il s'agit d'un chien élégant mais puissant, sec mais musclé. Il est né pour se déplacer pendant des heures sans s'arrêter.

Pieds

De forme ovale. Les coussinets sont épais, forts et sains. Les doigts cambrés et serrés. Les ongles courts et forts.

Il est inutile de dire que la forme et la substance du pied d'un chien de travail comme le Border sont d'une extrême importance. Un sujet ayant les doigts écartés et qui dénote de la mollesse et de la faiblesse doit être sévèrement pénalisé.

Allure

L'allure est dégagée, régulière et facile, les pieds se levant au minimum. Elle donne l'impression que le chien est capable de se mouvoir à pas furtifs et très rapidement.

Sur le ring, le Border doit conserver son allure typique et, par conséquent, être présenté avec la laisse, au trot, sans être « étranglé » par le collier. Il doit avancer avec vivacité, sans jamais se faire traîner ni tirer sur la laisse : ce n'est que dans ces conditions que son allure pourra être pleinement jugée.

Queue

Modérément longue, la dernière vertèbre atteignant au moins le jarret ; attachée bas, bien garnie de poils, elle se termine par une courbe vers le haut, parachevant la grâce de la silhouette et l'harmonie du chien. La queue peut se relever quand le chien est en action mais n'est jamais portée sur le dos.

Le port de la queue est d'une grande importance. Une queue insérée trop haut doit être pénalisée parce qu'elle compromet l'harmonie d'ensemble du chien. Dans le standard, il est spécifié que la queue peut se relever quand le chien est en action : toutefois, cette précision se réfère à l'action sur un ring. Quand le Border est concentré sur son travail, sa queue doit toujours être portée bas pour favoriser son équilibre et une très grande tension. Un Border qui travaille avec la queue haute n'est pas dans un état de concentration totale.

Robe

Poil

Deux variétés : 1) modérément long ; 2) court. Dans les deux variétés, le poil de couverture est dense, de texture moyenne et le sous-poil est doux et serré, formant une protection contre les intempéries. Dans la variété à poil modérément long, les poils abondants forment une crinière (brosse). Le poil est court et lisse sur la face, aux oreilles, sur les membres antérieurs (excepté pour les franges), sur les membres postérieurs, des jarrets aux pieds.

Les Border à poil long et à poil court sont jugés ensemble. Les sujets à poil court, moins courants, doivent être évalués et jugés selon leurs qualités, indépendamment de leur manque de poils. Il faut également tenir compte de la consistance du poil : il ne doit être ni trop doux ni trop dur ; en outre, il doit apparaître brillant et lisse, adhérer au corps et absolument pas ressembler au poil du Collie à poil long.

Couleur

Toutes les couleurs sont admises. Le blanc ne doit jamais dominer.
Même si ce n'est pas spécifié dans le standard, les couleurs de Border Collie actuellement élevés sont : le blanc et noir ; le blanc et noir avec des taches feu sur le museau, sur les sourcils et à l'intérieur de l'avant-main et de l'arrière-main ; le tricolore, blanc et noir avec des

LE POIL DU BORDER COLLIE

Même si la couleur la plus en vogue est le blanc et noir, la robe du Border Collie peut aussi être roux (du fauve clair au marron chocolat), tricolore (blanc et noir avec des taches feu), bleu merle, sable merle, bleu (gris anthracite).
Le poil du Border est très rustique, extrêmement facile à entretenir par un brossage rapide. Le moment le plus indiqué pour lui donner le bain correspond à la période de la mue, quand le chien perd tout son sous-poil et une grande partie de son poil.

Sweep von Beutenhof de M. T. Garabelli, jeune Border roux (photo Mossner)

taches feu bien marquées qui s'étendent parfois jusqu'à la tête et sous le ventre, remontant sur les flancs et sur les franges de l'avant-main ; le fauve, qui peut être aussi bien clair que chocolat ; le bleu merle et le sable merle.

Taille

Taille idéale : mâle, 53 cm ; femelle : un peu moins.
Le Border n'est pas un grand chien et il est donc important que sa taille soit contenue dans les limites fixées par le standard. Des sujets plus grands pourraient paraître plus imposants mais ce serait au détriment de leur harmonie et de leur élégance.

Défauts

Tout écart par rapport à ce qui précède doit être considéré comme un défaut qui sera pénalisé en fonction de sa gravité.

N.B. Les mâles doivent avoir deux testicules d'apparence normale complètement descendus dans le scrotum.

Nous ne pouvons que souhaiter que le standard du Border, rédigé en faisant précisément référence aux chiens de travail, restera inchangé. J'espère que les juges et les éleveurs continueront à le considérer surtout comme un chien dont le travail est une partie essentielle de sa façon d'être, indispensable pour son équilibre. S'il est élevé exclusivement pour les expositions et comme chien de compagnie, son ardeur va s'émousser parce que la vie sédentaire transforme un sujet sédentaire en chien instable et difficile à vivre. Malheureusement cette tendance est en train de s'affirmer en Grande-Bretagne au point qu'une éleveuse célèbre, dans un livre sur le Border, conseille même aux propriétaires de ne pas faire travailler leurs chiens pour ne pas qu'ils goûtent à leur monde d'origine, car il sera difficile ensuite de les ramener à leur vie paisible de tous les jours. Heureusement en Europe, la FCI impose une épreuve sur troupeau ou de travail pour obtenir le titre de Champion international. Si tous les pays respectaient cette règle en imposant ce type d'épreuve pour leurs championnats nationaux respectifs, les qualités naturelles du Border seraient sélectionnées en même temps que ses qualités esthétiques. Un beau chien qui travaille avec style est ce qu'un éleveur digne de ce nom peut rêver de mieux !

Le caractère

Le Colley possède un tempérament typique des chiens de berger : méfiant par nature, réservé, susceptible, mais en même temps fidèle, affectueux et attaché à ses maîtres, à son foyer, à ses habitudes. Si l'on pense aux origines du Colley et au type de vie qu'il menait autrefois, on comprend plus facilement différents traits de son caractère. Il faut essayer de l'imaginer dans une ferme, avec son troupeau de moutons et son maître. On lui demandait de s'occuper du troupeau, de se déplacer d'un lieu à un autre selon les besoins et d'obéir précisément à ce que son maître lui ordonnait. Cela demandait une grande complicité entre l'homme et le chien et, de la part de ce dernier, la précision et la sensibilité nécessaires pour affronter toute situation, tout imprévu.

Ceux qui connaissent la campagne et la montagne savent que la vie en plein air et le climat peuvent réserver toutes sortes de surprises. Cela n'a rien à voir avec une promenade dominicale puisqu'il s'agit d'un travail quotidien dans lequel intervient un autre facteur : le troupeau, ou plus précisément, les troupeaux, formés de sujets de tous âges et dont la composition varie au gré des saisons. Le chien de berger rencontre des situations très variées selon qu'il se trouve au contact d'un groupe de jeunes agneaux, d'un troupeau composé de brebis adultes et de béliers au moment de la période de reproduction, ou encore de mères craintives avec leurs petits. Selon les cas, le troupeau réagira différemment aux actions du chien. Ce dernier devra donc doser son agressivité, aidé également en cela par le berger qui, avec ce travail difficile, n'a pas envie de perdre du temps ni des moutons, c'est-à-dire de l'argent. Le chien sait qu'il n'est pas en train de jouer, que chaque erreur se paie cher, c'est-à-

Les Colleys sont particulièrement affectueux avec les enfants de la famille. Propr. et photo Colombo

dire par une journée de mauvaise humeur ou une sévère correction, selon les bergers. Il ne faut donc pas s'étonner si la plupart des Colleys considèrent la vie comme une chose sérieuse.

Naturellement, les dizaines de générations qui séparent nos Colleys actuels de ceux qui vivaient en solitaire dans les Highlands en Écosse ont modifié partiellement leur caractère. Au cours des nombreuses années que j'ai passées avec eux, j'ai

Une journée d'exposition : qui, de l'enfant ou du Colley, s'ennuie le plus ? (photo Colombo)

Amis pour toujours ! (photo Banna)

Gagliardo di Cambiano à cinq mois avec son jeune maître (photo Angelucci)

Au premier plan, On Your Way Blu di Cambiano avec ses quatre filles magnifiques âgées de dix mois. Propr. von Hahn (photo Kramer)

À PROPOS DU CARACTÈRE DU COLLEY

Le capitaine Thomas Brown F.L.S écrivait au début du siècle dernier : « Cet animal utile et intelligent est un des membres de l'espèce canine les plus placides, obéissants, sereins et reconnaissants. Il est toujours prêt à satisfaire le moindre désir de son conducteur quand il est sollicité et félicité. Il semble très heureux quand il est utilisé pour rendre un service utile. Doté d'une propension instinctive pour le travail, il n'est jamais plus satisfait que quand il peut exprimer son talent au bénéfice de l'homme et faire preuve de son attachement constant et indéfectible pour lui ».

souvent vu percer chez de nombreux sujets l'ancien compagnon de l'homme, rustique, digne et consciencieux. À présent, son troupeau c'est la famille dans laquelle il vit et au sein de laquelle il recherche toujours le berger. Il emploie son intelligence et sa sensibilité à s'adapter aux différentes situations auxquelles il est confronté. S'il reçoit une imprégnation précoce dans son nouvel environnement, votre Colley, en raison précisément de l'attachement qu'il éprouve pour le milieu qui l'entoure, s'adaptera très facilement au type de vie qui l'attend. Comme le caractère d'un chien dépend des expériences qu'il a vécues, surtout comme chiot, on rencontre au sein d'une même portée des sujets présentant une

Étalon tricolore Mc Laud parfaitement toiletté avec sa robe volumineuse qui fait ressortir ses formes naturelles. Élev. Aiace de R. Genovesi. Propr. et photo Fontana

grande diversité, qui est due précisément à la façon dont le chien a été élevé.
Par exemple, instinctivement, un Colley n'aime pas les lieux trop peuplés, les bruits et les milieux fermés, mais il acceptera de bon cœur de vivre dans un cadre citadin s'il y a été habitué quand il était plus jeune. En revanche, un chien provenant d'un élevage situé en pleine campagne ne s'habituera pas facilement à des situations complètement différentes une fois qu'il sera âgé de plus de deux ou trois mois.
Après avoir adopté un coin tranquille dans la maison, un Colley cherchera son berger et le reconnaîtra comme chef de bande et comme ami. Bien que ce ne soit pas un chien agressif, quand un Colley se trouve dans une famille qui n'a pas l'habitude des chiens et qu'il a lui-même un caractère trop fort et dominant, il peut en profiter pour essayer de devenir chef de bande. Il est important d'intervenir dès que ce comportement commence à se manifester

pour éviter qu'une fois adulte, le chien ne devienne difficile à diriger.

C'est entre autres pour cette raison que je conseille à ceux qui achètent un chiot pour la première fois, quelle que soit sa race, d'écouter l'avis d'un éleveur expérimenté qui saura choisir un sujet ayant un caractère adapté au type de personnes et au mode de vie qui l'attendent.

Il est toutefois difficile de généraliser quand on parle du caractère d'une race, parce que chaque chien possède sa propre personnalité. Le plus souvent, le Colley est un chien paisible, un agréable compagnon qui n'essaie pas d'attirer l'attention générale sur lui. Cela n'empêche pas qu'il existe des sujets au tempérament facilement excitable, qui ont développé l'habitude gênante d'aboyer à chaque coup de sonnette, quand le maître rentre chez lui, pour jouer, pour réclamer sa pâtée ou pour demander à sortir. Si elle reste modérée, cette manifestation de joie est agréable mais si on ne peut pas la contenir, elle finira par devenir un aspect négatif qui constituera une mauvaise publicité pour votre chien et pour cette race en général.

Comme un vrai chien « de campagne », le Colley est souvent méfiant envers les inconnus. S'il a grandi à l'écart de tout ce qui n'est pas « son » monde, il y a peu de chance pour qu'il s'approche d'un nouveau venu en remuant la queue. Il risque plus de s'éloigner de quelques mètres et d'aboyer pour sonner l'alarme. Pour vaincre cette méfiance il faut l'habituer à rencontrer de nombreuses personnes quand il est encore petit. Il est aussi conseillé de l'habituer à la voiture, à marcher avec une longue laisse dans des rues pleines de piétons et de trafic et à entrer dans des lieux publics.

S'il a confiance en son maître, il le suivra n'importe où et une fois devenu adulte, il saura affronter sans peur toutes les situations.

Si le Colley a en revanche grandi en pleine campagne ou dans un jardin

LA BANDE

Les chiens, comme les loups dont ils descendent, sont des animaux qui vivent en bande, c'est-à-dire des animaux sociaux. Ils communiquent par différents signaux et ils maintiennent la hiérarchie du groupe par l'usage de l'agressivité. À l'intérieur d'une famille, les rapports qu'ont les chiens avec les personnes sont les mêmes que ceux qu'ils auraient avec leurs compagnons de bande. Ils acceptent en général facilement le statut du personnage dominant dans la famille et le respectent. Les signaux qu'ils utilisent pour communiquer sont vocaux (gémir, aboyer, gronder), visuels (remuer la queue et adopter des postures particulières comme celle qui invite au jeu) et olfactifs (marquage du territoire avec l'urine).

Groupe de Colleys de l'élevage Aiace (photo Fontana)

sans avoir jamais connu la laisse ni fait un voyage en voiture, ce sera certainement un chien heureux, joyeux, affectueux, très bon gardien de sa maison, mais il donnera aussi très probablement des signes de timidité s'il doit se rendre avec son maître en ville ou dans une exposition, une fois devenu adulte.

Malheureusement, pour toutes ces raisons, le Colley est décrit parfois comme un chien timide et peu intelligent. Pourtant, c'est précisément à cause de sa sensibilité qu'il n'accepte pas facilement des situations nouvelles : il veut d'abord connaître, savoir et comprendre.

Quand on achète un Colley adulte ou déjà âgé de quelques mois, il n'adopte donc pas immédiatement son nouveau maître et sa nouvelle maison, comme le font des chiens appartenant à des races plus sociables. Il devra être conquis petit à petit : pour un Colley, une écuelle de pâtée et une caresse ne suffisent pas à l'amadouer. Il ne sait pas que vous l'avez acheté et qu'il vous appartient. Il se sentira d'abord blessé, triste et abandonné : c'est à vous de savoir aborder correctement la situation et de vous substituer discrètement à son ancien maître. Il ne faut pas l'importuner ni le forcer : avec le temps, c'est lui qui vous recherchera, commençant ainsi à oublier son ancien maître.

Je pense qu'il s'agit d'un trait de caractère assez positif : je serais déçue si un sujet qui a passé une par-

LES ATTITUDES

Dominance. *Le chien veut montrer sa position élevée dans l'échelle hiérarchique et se met en position droite, le cou et la tête dressés, les oreilles en avant, le poil et la queue relevés. Cette attitude, accompagnée du grondement, est également celle de la menace.*
Soumission. *Le chien soumis a les pattes légèrement fléchies, la tête et la queue baissées. Dans les cas extrêmes, il se couche sur le dos en présentant son cou au sujet dominant ; celui-ci interrompt alors en général son action de menace ou d'agression. On retrouve cette attitude chez un sujet timide.*
Invitation au jeu. *Le chien allonge ses pattes avant devant lui et lève son arrière-main, la queue en mouvement. En aboyant joyeusement, il semble demander : « veux-tu jouer avec moi ? ».*

Cette petite fille apprend à marcher accrochée à la robe de Dacci (photo Palumbo)

tie de sa vie avec moi s'adaptait immédiatement à un nouveau propriétaire. Si vous savez comprendre le tempérament de votre Colley, vous pourrez ensuite obtenir de lui tout ce que vous voulez et il le fera avec joie, pour vous faire plaisir. Il peut être aussi bien un compagnon de jeu incomparable pour vos enfants qu'un ami silencieux et discret auprès d'une personne malade ou âgée.

Il est indispensable que vous compreniez bien votre chien si vous avez

LES COLLEYS À POIL COURT

Des années de sélection comme chien de travail sans rechercher sa beauté ont laissé des traces chez les chiens de berger à poil court d'aujourd'hui : ils sont plus fiables, plus expansifs, plus éclectiques et plus faciles à dresser que les sujets à poil long. Ce sont de très bons animaux de compagnie mais ils sont aussi utilisés dans des compétitions de travail pour chiens d'utilité, des compétitions d'obéissance et d'agility, ainsi que comme auxiliaires pour aveugles et handicapés.

Le Colley à poil court Nadia von Midden Aarde, chien guide d'aveugle, dressé par l'Institut d'Amsterdam (photo Kngf)

l'intention d'en faire un chien de travail. Il vous faudra une certaine sensibilité parce que, pour qu'un Colley travaille joyeusement, il a besoin de comprendre que son travail vous rend heureux. Cela nécessite une bonne entente entre vous et votre chien. Ce n'est pas par la soumission que vous obtiendrez quelque chose de lui et même au contraire puisqu'un Colley est terriblement susceptible : s'il est réprimandé injustement ou trop fortement, il se refermera sur lui-même et il vous faudra du temps et de la patience pour retrouver sa confiance. Grâce à son caractère, le Colley représente un très bon chien de travail, notamment comme chien guide d'aveugles ou comme chien de recherche, mais aussi dans les compétitions d'obéissance et d'agility. Bien que ce ne soit pas un chien de défense, de nombreux Collies ont obtenu des brevets dans des épreuves de travail qui comprenaient des attaques sur l'homme. Quand on les met en contact d'un troupeau de moutons, beaucoup de Colleys montrent encore une forte aptitude pour le diriger et ils exécutent cette tâche correctement et avec enthousiasme.
Un Colley donnera toujours le meilleur de lui-même à qui saura le comprendre, l'aimer, l'apprécier. C'est probablement son éclectisme qui a permis à Lassie de devenir une légende pour plus de trois générations d'enfants. Le rôle de Lassie, dont le nom s'est presque substitué à celui de la race, a été interprété en cinquante ans par de nombreux sujets, mais tous avaient le même

Deux « jeunes » tirés par un poney patient (photo Garabelli)

LES SHETLAND

Autrefois d'un caractère plus timide, les Shelties d'aujourd'hui sont généralement assez sociables et ils ne présentent des problèmes caractériels que quand ils sont obligés de vivre isolés et qu'ils se sentent abandonnés. Bien que ce soient des chiens de petite taille, ils sont assez actifs et faciles à dresser ; ce sont notamment de très bons sujets pour l'agility. Comme un Colley, un Shetland devrait pouvoir faire quelques kilomètres par jour. Ce sont des compagnons joyeux dans une famille, de bons gardiens, parfois réservés envers les inconnus mais, malheureusement, qui aboient plutôt beaucoup.

Les Colleys et les Shetland peuvent vivre ensemble sans aucun problème : ici les Shetland de Mr. Bertarini avec, à droite, le Colley Dredge Sugar della Cambianella (photo Stadio)

regard doux ainsi que la même disponibilité et le même courage.
Un autre aspect positif du caractère du Colley est sa sociabilité envers les autres chiens. Ce trait de caractère provient peut-être de sa mémoire atavique : il est possible qu'il se souvienne de l'époque où il devait souvent partager avec d'autres Colleys son bien le plus précieux, le troupeau. Tout en instaurant une hiérarchie très nette, les Colleys vivent facilement en groupe, en acceptant sans difficulté de nouveaux venus ou en s'insérant bien dans une famille possédant déjà d'autres chiens. Je sais que chacun d'entre nous recherche des caractéristiques différentes chez un chien mais je pense sincèrement que le Colley est une des races les plus agréables et les plus faciles à vivre.

LE CARACTÈRE DU BORDER COLLIE
par M. T. Garabelli

Le Border Collie a une personnalité très affirmée, je dirais presque unique, puisqu'il est certainement le seul chien à travailler comme il le fait. Depuis plus de cent ans, en effet, il est sélectionné comme sujet pur seulement et exclusivement pour ses qualités de chien conducteur de moutons, et ceci bien avant que le Kennel Club anglais ne le reconnaisse officiellement et que son standard ne soit rédigé. Malgré cela, le fait que le Border soit resté inchangé pendant des dizaines d'années démontre que ses qualités de chien de travail sont incomparables et qu'elles ne peuvent pas être sélectionnées chez un autre type de chien.
Pour un Border, le travail constitue une priorité, et cela influe énormément sur son caractère (cf. aussi « Le travail sur le troupeau » à partir de la page 145). S'il a des devoirs à accomplir, il le fait toujours avec enthousiasme, joie et empressement. Dans le même temps, il manifeste du respect, de l'attachement et de l'amour pour celui qui lui donne la possibilité de s'exprimer pleinement.

Un chiot femelle de Border Collie roux prometteur. Élev. von Beutenhof (photo Mossner)

Quand il n'est encore âgé que de quelques mois, on peut lire dans son regard une question : « Qu'est-ce que je dois faire ? Qu'attends-tu de moi ? ». Il est absolument nécessaire de fournir une réponse à cette question. Un chiot de Border est déjà prêt à assimiler les premiers enseignements à trois ou quatre mois, âge où son caractère et sa personnalité sont en pleine formation. On ne peut pas le reléguer dans un chenil ou dans une pièce sans lui causer des dommages irréparables. En même temps, il suffit de peu de choses pour le rendre heureux.

Cielo di Cambiano d'A. Benini, chiot de deux mois sur cette photo mais devenu ensuite champion italien d'agility (photo Benini)

Au sein d'une famille nombreuse, il devient rapidement un membre actif, avec ses besoins et son sens de la hiérarchie : s'il n'a pas de troupeau à diriger, toute son attention sera concentrée sur les personnes parmi lesquelles il recherchera un « chef ». Confronté à d'autres animaux, qu'il s'agisse de chiens ou de toute autre espèce, il choisira le rôle dominant et fera tout pour être obéi et respecté. Infatigable et généreux, il se montrera un très bon compagnon d'excursion, ne vous perdra jamais de vue et vous pourrez compter sur lui en toutes circonstances : il y a peu de chances pour qu'il s'éloigne de vous et, s'il devait le faire, il reviendrait aussitôt, dès votre rappel.

Les Border Collie sont des chiens très doux, sensibles et fondamentalement bons. Certains sont aussi de bons gardiens, mais pour la plupart d'entre eux, ce sont surtout des chiens très sociables, à condition qu'ils aient été élevés au milieu de gens et sans avoir subi de traumatismes. L'instinct de gardien est plus développé chez les sujets méfiants, qui ont grandi à l'écart d'un cadre familial et isolés dans leur territoire.

La championne Alba di Cambiano de L. Musso conduit les oies au pré (photo Kramer)

Toutefois, comme tous les chiens ayant fait l'objet de sélections, les Border Collie ont aussi leurs défauts. Bien qu'ils montrent de bonnes dispositions pour l'apprentissage et le dressage, ils peuvent aussi échapper facilement au contrôle de leur maître. Une fois qu'ils sont maîtres de la situation, les plus vifs et intelligents d'entre eux chercheront par tous les moyens à remplir un rôle de commandement. C'est donc au propriétaire de se montrer inflexible dès le début.

Il est plus difficile d'instaurer une bonne collaboration avec des sujets achetés déjà adultes et déjà dressés. D'une part, leur caractère est déjà bien défini et, d'autre part, ils ont été dressés selon les besoins d'autres personnes qui ont eu une grande influence sur eux. Il n'est pas toujours facile de s'adapter à un Collie qui a été dressé précédemment, et je le déconseille vivement à tous ceux qui n'ont jamais eu précédemment d'expériences de dressage. Quoi qu'il en soit, tous ceux qui ont déjà travaillé avec des chiens d'autres races, plus faciles à soumettre, constateront immédiatement la différence avec un Border Collie !

Le Border ne recule même pas devant un bélier (photo Mossner)

Le choix du chiot

L'achat d'un chiot ne doit pas être un caprice du moment mais une décision réfléchie puisque l'animal partagera toute son existence avec vous, c'est-à-dire, si tout va bien, plus d'une dizaine d'années. Il peut s'agir d'un chiot qui succède à un autre chien dans une famille qui a toujours eu des chiens ou d'un chiot qui vient rejoindre d'autres chiens présents. C'est aussi parfois la réalisation d'un désir réfléchi pendant une dizaine d'années, ou bien, malheureusement, une façon de satisfaire le caprice d'un enfant.
Je suis toujours surprise par le nombre de personnes qui choisissent d'avoir un chien pour compagnon. En effet, cela apporte beaucoup de joie mais implique aussi une série de contraintes qui conditionne la vie des propriétaires. Le choix de posséder un chien dépend beaucoup de l'organisation de la vie des propriétaires puisque ce dont un chien a le plus besoin, c'est d'une certaine présence : il mange tous les jours et veut sortir plusieurs fois par jour. Sur quelles épaules tomberont ces charges ? Ce sont souvent les enfants qui, dans une famille, insistent pour avoir un chien en promettant qu'ils s'en occuperont. Le plus souvent, après l'enthousiasme des débuts, la préparation de la pâtée du chiot trois fois par jour n'est plus considérée comme un jeu, sans parler du passage de la brosse ni, si la famille n'a pas de jardin, des promenades quotidiennes. C'est donc la personne qui s'occupe de la maison et des enfants qui « hérite » du chien, et c'est la raison pour laquelle c'est en général la mère qui est la dernière à capituler quand il s'agit de convaincre tous les membres de la famille d'acheter un chien. Quel chien choisir ? Le débat est lancé dans la famille ! Il existe de nombreux livres avec des illustrations et des descriptions sur

Deux chiots prometteurs de huit semaines : remarquez leur chanfrein bien plein, le contour de leur œil en amande, la position de leurs oreilles et leur robe de laine épaisse (photo Kramer)

les différentes races. Naturellement, l'aspect extérieur d'un chien joue un rôle dans le choix du sujet, mais je vous conseille également de prendre en compte vos disponibilités de temps et de place, ainsi que votre plus ou moins grande expérience de ces animaux. Il y a des races qui s'adaptent mieux en appartement, d'autres qui ont besoin d'un jardin, de beaucoup d'exercice ou encore d'un maître qui sache se faire respecter. Souvent la race choisie est celle que la famille a toujours eue ou bien celle qu'elle a toujours désirée. Dans tous les cas, une visite à une exposition pour voir les chiens « sur le vif » s'impose : on peut tirer des enseignements des discussions avec des propriétaires et des éleveurs.

Si vous avez opté pour un Colley, vous devez connaître les besoins d'un chien de berger à poil long : il est nécessaire d'avoir un jardin dans lequel l'animal pourra courir librement. Si, en revanche, vous vivez en appartement, il faut que le Colley soit sorti au moins trois fois par jour en ayant la possibilité de courir souvent. Le poil du Colley n'est pas un poil « difficile », il ne fait pas de nœuds et n'a pas besoin d'être souvent brossé. Cependant, pendant la période de la mue (en général une fois par an), il faudra vous mettre au travail si vous ne voulez pas que votre maison soit envahie par les poils. L'avantage, c'est que si vous trouvez quelqu'un qui puisse filer cette « laine », vous pourrez toujours vous faire des pull-overs…

L'achat

Vous devez décider de l'endroit où vous allez acheter votre chiot. Je vous conseille de ne pas vous presser, de vous renseigner, de bien chercher. Vous pouvez commencer par acheter un livre comme celui-ci, ou encore visiter des expositions canines où il y a de nombreux sujets et beaucoup d'éleveurs. Vous pouvez trouver le calendrier de ces expositions en vous adressant à une association locale ou directement au siège de la Société Centrale Canine. En observant les épreuves (qui se déroulent le matin), vous pourrez essayer de comprendre quels sont les sujets considérés comme les meilleurs. Il y a de fortes chances pour que les goûts du juge ne soient pas les vôtres, puisque lors d'une exposition, le vainqueur n'est pas toujours celui qui attire le plus les regards mais celui qui possède les meilleures caractéristiques (elles sont nombreuses). En outre, tout en se référant au standard, chaque juge privilégie des aspects différents et c'est pourquoi certains chiens de grande valeur sont vainqueurs à tour de rôle au cours des différentes compétitions. Si vous êtes intéressé par un chien d'exposition, vous pouvez décider d'adapter votre goût à cette exigence et essayer de comprendre quelles sont les qualités d'un sujet de valeur.

Chiot femelle de quatre mois qui montre déjà une très belle expression caractérisée par un profil bien défini et « propre » (photo Petri)

Je vous recommande en outre de visiter quelques élevages de votre région pour voir les chiens et les parents de votre futur chiot avant de prendre une décision. À moins qu'il s'agisse d'un premier prix d'exposition qui vous donne des garanties sur l'aspect typique d'un chien et sur ses qualités morphologiques, il est important que vous alliez observer le caractère des sujets dans un élevage. Quand on se promène parmi des sujets en liberté dans un jardin, on a la possibilité d'évaluer leur caractère. En dehors des éleveurs, qui sont normalement des producteurs passionnés de chiots d'une ou de plu-

La première cocarde ! Chiot fauve appartenant à l'élevage des Terres Hautes de Gioja Antonioli (photo Garabelli)

sieurs races, on peut aussi s'adresser à un magasin d'animaux. Méfiez-vous des chiots exposés en vitrine et de provenance incertaine. Recherchez plutôt un magasin qui se contente de toucher une commission et qui vous mette directement en contact avec le propriétaire de la portée ou bien qui puisse vous donner des garanties écrites sur le pedigree que vous avez choisi. La visite de plusieurs élevages prend du temps et vous fera parcourir plus de kilomètres que si vous alliez dans le magasin situé en bas de chez vous, mais si vous souhaitez vraiment partager des années de bonheur avec un compagnon, le fait même de partir à sa recherche représente souvent un grand plaisir. N'espérez pas acheter un chiot pour une date fixe (Noël, anniversaire, etc.), sauf si vous y pensez longtemps à l'avance. Quand vous visiterez un élevage, il peut arriver que le chiot que vous désirez soit déjà né mais le plus souvent, il vous faudra attendre : en effet, la plupart du temps, les chiots sont réservés avant qu'ils ne naissent.

Il faut aussi vous demander pourquoi vous voulez un chiot, si c'est simplement pour avoir une compagnie, si c'est pour garder votre maison ou si vous aspirez, même modestement, à l'exposer ou à le faire se reproduire. Quand on veut un chien d'exposition, il faut prendre immédiatement la décision pour éviter toute désillusion en se lançant ensuite dans les compétitions avec un sujet qui n'a pas été choisi dans ce but. En effet, l'admiration que l'on éprouve dans la rue pour un beau Colley à la robe splendide, au port fier et au regard captivant et le jugement porté par un expert sur un ring d'exposition sont deux choses différentes. Des juges récompensent parfois un sujet qui attire moins les regards mais qui répond mieux aux exigences du standard, qui est mieux préparé, mieux dressé et mieux présenté.

Bien qu'il puisse y avoir de nombreuses surprises, chaque chiot âgé de huit ou neuf semaines est toujours un peu différent des autres chiots de la portée et l'on peut choisir celui qui laisse présager des succès futurs dans les manifestations cynophiles. Naturellement, il doit grandir en recevant tous les soins nécessaires pour prévenir tout défaut de croissance qui porterait préjudice à son développement osseux et musculaire, ainsi qu'à son allure. Il faut prêter une grande attention à sa robe et au port de ses oreilles, tout comme à son caractère et à son éducation. Tout le monde n'a pas la passion, la constance, les capacités et le temps pour se consacrer aux compétitions cynophiles et il ne serait pas correct de demander à un éleveur de se priver de son sujet le plus prometteur si celui-ci est destiné à mener une vie domestique, même heureuse, au lieu d'entreprendre une carrière dans la compétition. Dans ce cas, il suffit de choisir un de ses frères de lait moins beau « techniquement » mais plus agréable à l'œil en raison de sa couleur, de ses taches, de sa personnalité ou de sa majesté.

Mâle ou femelle ?

Il faut savoir si l'on préfère avoir un mâle ou une femelle. Il arrive souvent qu'une personne qui achète un chien pour la première fois choisisse un mâle, effrayée par les chaleurs de la femelle. Chez cette race, un mâle est certainement plus imposant en raison de sa plus grande taille et de sa masse de poils plus importante. En outre, au bout de quatre ou cinq ans, il aura tendance à ne plus muer entièrement et il sera donc toujours recouvert d'une fourrure épaisse.
En revanche, la femelle est en général plus douce, plus affectueuse et en même temps meilleure gardienne en raison de son grand attachement à son maître et à son foyer. Les chaleurs ne représentent plus aujourd'hui un grand problème. Les journées fécondes correspondent à environ une semaine par cycle et il est fort probable qu'une femelle de Colley ne soit pas en chaleur plus souvent qu'une fois tous les sept ou huit mois. Une femelle vous donne aussi la possibilité d'élever une portée, quand vous le désirez, ce qui est beaucoup plus difficile avec un mâle puisque les propriétaires de femelles préfèrent en général des mâles titrés pour obtenir des chiots de bonne qualité et plus faciles à vendre.
Il y a enfin le choix de la couleur, qui dépend uniquement de vos goûts personnels. Le seul conseil que je puisse vous donner est que si vous choisissez la couleur bleu merle, vous devrez probablement attendre un peu plus longtemps, parce que les chiots de cette couleur sont généralement moins disponibles.

Le chiot

Une fois que vous aurez choisi les parents, le sexe et la couleur de votre futur chiot, votre patience sera un

Ce petit Shetland femelle âgé seulement de deux mois s'aventure seul à la découverte de sa nouvelle demeure ! (photo Albrigo)

jour récompensée par le coup de téléphone tant attendu de l'éleveur. Ne vous précipitez pas aussitôt pour voir les chiots parce que seul un œil expert saurait choisir le meilleur élément dès sa naissance et, en outre, vous risqueriez de rendre nerveuse la nouvelle maman et de mettre en danger la santé même de la portée. C'est pour cette raison que le propriétaire de la reproductrice vous dira certainement d'attendre au moins une quinzaine de jours avant de venir. Les petits auront alors les yeux ouverts et vous pourrez effectuer votre choix s'il y a plusieurs chiots du sexe et de la couleur désirés (l'éleveur peut aussi avoir envie de garder un chiot ou bien en avoir déjà réservé un à quelqu'un).

Étant donné l'âge du chiot, vous le choisirez probablement uniquement en fonction de sa robe : importance du jabot, présence plus ou moins grande d'une étoile ou d'une liste blanche sur la tête, de mouchetures chez le bleu merle. En ce qui concerne son caractère et sa personnalité, vous devrez attendre au moins jusqu'à l'âge de quatre semaines. Il arrive que les acheteurs soumettent les chiots à des tests : ceux-ci sont valables mais ils devraient être répétés plusieurs fois pour donner des indications fiables. Par ailleurs, je ne pense pas que l'on puisse trouver facilement un éleveur qui accepte de faire patienter tous les autres clients dans l'attente de votre décision ou qui soit prêt à vous consacrer tout son temps. Laissez-vous guider par votre instinct. Généralement, ce sont les chiens les plus extrovertis qui attirent le plus, mais si c'est votre première expérience avec un chien, ne choisissez pas un chiot querelleur, qui se dispute pour la pâtée et domine tous les autres chiots de la portée. Ces caractéristiques ne sont pas typiques du Colley et si elles peuvent être positives quand on recherche un chien de garde ou de travail, il peut arriver qu'au bout d'un moment, si le chiot n'a pas été bien élevé, ce soit vous qui soyez soumis à lui.

Du point de vue esthétique, un petit Colley de cinquante jours devrait avoir un poil déjà épais, qui « ressort », doux mais dense (le poil long de couverture ne pousse qu'à partir de cinq ou six mois). Quand on appuie dessus, il doit reprendre immédiatement sa forme initiale. La tête du chiot doit être plus courte que celle de l'adulte, avec un stop très marqué puisqu'il doit « en perdre » une bonne partie en grandissant, au fur et à mesure que sa tête s'allongera. Ses yeux sont petits, foncés avec l'expression rusée des chiots, mais en même temps pleine de cette douceur qui caractérise le regard du Colley. Leurs oreilles sont encore abaissées et, bien que l'on ne puisse pas encore prédire leur port, on peut juger de leur attache et de leurs dimensions.

Vous devez également évaluer sa construction, son ossature, sa solidité. Sa petite queue est en principe dressée mais vous pourrez déjà porter un jugement sur sa longueur ou son attache, qui doit être basse.

Enfin le chiot doit avoir l'air en bonne santé, être un peu grassouillet sans être obèse, avec la truffe brillante et fraîche, les yeux propres, le poil non pas brillant puisqu'il s'agit de duvet, mais le moins vaporeux possible et la peau dépourvue de parasites (tout comme l'intérieur des oreilles).

Vous devrez en outre vous assurer que le chiot a été « vermifugé » et

Les trois couleurs typiques du Colley : au premier plan le fauve et le bleu merle, derrière le tricolore (photo Bockovec)

LES PHASES DU DÉVELOPPEMENT DU CHIOT

La période néonatale. *Elle commence à la naissance et se termine quand les chiots ouvrent les yeux, vers deux semaines. Pendant cette période, le chiot dort pendant environ 80 % de son temps et quand il ne dort pas, il est surtout intéressé par son alimentation.*

La période de transition. *Pendant cette phase, qui dure jusqu'à ce que l'ouïe du chiot se soit développée (à trois semaines environ), le comportement se modifie en raison du fort développement des capacités motrices et sensorielles. À la fin de cette période, le chiot commence à remuer la queue et à jouer avec les autres chiots ; il peut lécher des substances liquides.*

La période de socialisation. *À présent, le chiot est capable d'explorer activement le milieu qui l'entoure ; il commence à tisser des liens sociaux et à établir une hiérarchie. Il devient en outre plus indépendant de sa mère. Pendant cette période (jusqu'à douze semaines), il est essentiel que le chiot soit en contact avec d'autres chiens et avec l'homme pour être bien socialisé.*

La période juvénile. *Le chiot grandit rapidement et est capable de se déplacer facilement. Il pousse donc ses explorations encore plus loin, desserrant encore un peu plus ses liens avec sa mère. La hiérarchie est clairement établie et l'habitude de marquer son territoire avec l'urine s'instaure. Cette période dure jusqu'à la maturité complète (environ deux ans).*

vacciné au moins une fois avant de le ramener chez vous.

Si vous êtes seul dans la voiture pendant le trajet de retour, procurez-vous une grande boîte avec le fond recouvert de journaux. Placez la boîte devant le siège avant pour que le chiot puisse vous voir et que cela le tranquillise. Prévoyez aussi du Sopalin® parce que, quand ils sont jeunes, les chiens de cette race supportent parfois mal les premiers

Personne mieux qu'un enfant ne peut rendre l'imprinting des chiots encore plus naturel (photo Moricci)

trajets en voiture, même si l'éleveur, prévenu de votre arrivée, n'a rien donné à manger au chiot depuis plusieurs heures.

ADRESSE UTILE

Vous pouvez demander la liste de tous les éleveurs de Colleys et de Shetland ayant un affixe (c'est-à-dire reconnus officiellement) à :

Société Centrale Canine
155, avenue Jean-Jaurès
93535 Aubervilliers Cedex
Tél. : 01.49.37.54.00

La truffe du bleu merle tarde souvent à se colorer comme on le voit chez ce chiot. Il deviendra plus tard champion italien et de Singapour sous le nom de Zero Blue Hero di Cambiano (photo Garabelli)

Cette splendide portée née en Sardaigne est déjà prête à partir. Propr. et photo Mostacci

L’élevage

L’arrivée d’un nouveau chiot est toujours attendue comme un grand événement et donc précédé de nombreux préparatifs. En général, le magasin d’articles pour animaux est « dévalisé » et le chiot, dès qu’il arrive dans sa nouvelle maison, est placé sur un magnifique coussin et entouré de jouets et d’écuelles de toutes les couleurs. La plupart de ces achats sont inutiles ou superflus parce que le chiot n’a besoin que de quelques objets fondamentaux sans danger pour lui et résistants. Au lieu d’acheter des coussins moelleux et des niches en caoutchouc mousse, il est préférable de se procurer un simple petit matelas en toile solide avec un cadre en fer. Il résistera certainement plus longtemps à l’assaut des dents d’un chiot ou d’un jeune chien et sera en même temps plus sûr puisqu’il ne pourra pas être réduit en mille morceaux et avalé. Pour les mêmes raisons, il est conseillé de choisir ses jouets avec soin. Les plus sûrs sont ceux qui ont été créés exprès pour les chiens : ils existent sous plusieurs formes et sont en peau de buffle. Ils sont suffisamment solides pour stimuler correctement la mastication et donc très utiles au moment du remplacement de la dentition du chiot. En outre, les parties du jouet qui se détachent peuvent être avalées par le chien sans danger.

Il faut également acheter deux écuelles : une pour l’eau qui est toujours à sa disposition et une pour la pâtée. Il en existe de différentes formes, matériaux et dimensions. Je vous conseille celles qui sont en acier inoxydable, pratiquement éternelles et plus faciles à laver que les écuelles en plastique. De plus, ces dernières risquent de voir leurs bords rapidement mordillés et d’être déplacées dans toute la maison en raison de leur grande légèreté.

Il vous faut également une brosse et

Yahve Israel di Cambiano dans son jardin. Propr. et photo Palumbo

Une camionnette pittoresque dans une exposition en Australie (photo Rota)

Ch. Jeune San Mar. Brivido d'Amore Blu di Cambiano avec un trophée insolite. Propr. de Liso (photo Garabelli)

une laisse. Ces deux objets sont destinés au « chien adulte » mais il est préférable que votre chiot s'y habitue rapidement. À deux mois, il n'est certainement pas nécessaire de le brosser souvent mais il faut tout de même acheter une brosse très souple pour l'habituer à cette opération en passant la brosse avec douceur sur toutes les parties de son corps. Il est très difficile de vivre avec un Colley adulte qui ne se laisse pas brosser, qui se débat et gronde. Vous pouvez d'ailleurs profiter de l'occasion du brossage pour faire comprendre au chiot, avec fermeté et douceur à la fois, qui est le chef de bande. En outre, il verra que vous ne lui faites pas mal ou ne l'embêtez pas inutilement et qu'il peut donc vous faire confiance.

Un Colley adulte se fie aveuglément à son maître s'il a été élevé correctement. Par exemple, il ne vous créera aucun problème quand vous l'amènerez chez le vétérinaire et il se laissera ausculter tranquillement (comme « Konni » mon chien qui, à la grande surprise du vétérinaire, s'est laissé faire une endoscopie

L'ÉDUCATION DU CHIOT

Albert Payson Terhune décrit dans son roman Lad : un chien *quelles sont les caractéristiques d'un bon éleveur :*
« Temps, patience, fermeté, sagesse, contrôle de soi et gentillesse sont les éléments essentiels pour l'éducation d'un chiot. »

jusqu'au fond du nez sans avoir besoin d'anesthésie et sans jamais remuer la tête. La gêne qu'il ressentait s'exprimait simplement par un mouvement de narines que son attitude stoïque n'arrivait pas à empêcher).

Pour un Colley de deux ou trois mois, il faut acheter une laisse et un collier très légers, par exemple en toile ou en Nylon®, mais il ne faut pas s'attendre à ce qu'il suive son maître immédiatement.

Quand il arrive dans sa nouvelle maison, le chiot est apeuré puisqu'il a perdu en un instant tout ce qu'il connaissait : son box, sa mère, ses frères. Ne vous attendez donc pas à ce qu'il vous fasse la fête et ne le forcez pas à jouer. Placez-le sur le matelas que vous avez disposé au préalable dans un coin de la maison et laissez-le tranquille. Au bout de quelques minutes, sa curiosité reprendra le dessus et, petit à petit, le

Ce chiot se fait déjà remarquer par sa forte personnalité qui lui sera plus tard précieuse quand il devra attirer le regard des juges (photo Rota)

chiot commencera à explorer le milieu dans lequel il se trouve, tout d'abord en allongeant simplement le cou puis en faisant ses premiers pas. Quand il sera un peu plus sûr de lui, il vous offrira certainement le premier pipi d'une longue série. Il ne faut surtout pas le réprimander. Vous devez accepter l'idée que pendant les deux premiers mois environ, il vous faudra laver continuellement le sol. Si vous voulez l'habituer à ne pas faire ses besoins dans la maison, vous devrez le sortir assez souvent. En général, les Colleys sont très propres et dès qu'il aura compris ce qu'il faut faire, votre chiot essaiera de satisfaire vos désirs. Si vous avez un jardin ou si vous habitez à la campagne, vous pouvez commencer immédiatement à le sortir. Si, en revanche, vous habitez dans un appartement en ville, il est préférable d'attendre que votre chiot ait été vacciné au moins une première fois contre les maladies infectieuses les plus dangereuses, comme la parvovirose et la maladie de Carré, ou bien que le vétérinaire vous le conseille. Vous devrez rechercher un endroit tranquille pour ses sorties, un endroit où le chiot puisse faire ses besoins sans se retenir jusqu'à son retour à la maison, lieu qui lui est plus familier.

Temporairement, vous pouvez également recouvrir votre terrasse de journaux. Faites d'ailleurs une bonne provision de journaux puisque leur pouvoir absorbant est très utile, y compris la nuit ou quand vous ne pouvez pas sortir votre chien. Quand ce dernier cas se produit, enfermez le chien dans « sa » pièce ou dans une partie de celle-ci et recouvrez le sol de journaux. Ainsi, vous lui éviterez tous les dangers qu'il peut rencontrer dans une maison et… vous éviterez à la maison de subir tous les dangers qu'un chiot représente pour elle. En outre, vous habituerez le chiot à rester seul. Il est conseillé de lui donner rapidement cette habitude puisqu'une fois qu'il aura commencé à s'habituer à dormir avec vous, il aura beaucoup de mal à accepter le contraire.

Pendant la journée, vous devez aider votre chiot à se familiariser avec l'endroit où il va dormir. Après lui avoir donné la pâtée du soir et joué un peu avec lui, il faut le laisser seul, en espérant que la fatigue sera la

Pour préparer un sujet à la compétition sur le ring des expositions, il est conseillé de l'habituer à rester immobile grâce à des friandises-récompenses (photo Rota)

plus forte et qu'il s'endormira. Vous pouvez laisser un objet ou un de vos vêtements imprégné de votre odeur sur son petit matelas pour qu'il ait l'impression d'avoir de la compagnie. Certains conseillent de placer un réveil dans sa pièce parce que le tic-tac lui rappelle le battement cardiaque de la mère et des autres chiots. Malgré toutes ces dispositions, le chiot pleurera la première nuit ou, dans le meilleur des cas, à l'aube, pour votre plus grande joie et celle de vos voisins. Ne vous laissez pas émouvoir car un chien qui est capable de rester seul vous donnera ensuite une plus grande liberté.

Au bout de quelques jours, quand le chiot commencera à s'attacher à vous et qu'il se sentira plus à l'aise,

LES MAÎTRES AUSSI DOIVENT ÊTRE ÉDUQUÉS !

Prenez l'habitude de toujours sortir avec un sac en plastique pour ramasser les excréments de votre chien qu'il a déposés sur l'herbe ou sur le trottoir. Vous pourrez ensuite jeter ce sac fermé dans une poubelle dans la rue et montrer ainsi un peu de civisme.

vous pourrez profiter de vos sorties dans le jardin ou dans un square pour l'habituer à la laisse. Prenez de bonnes habitudes et ne le tirez pas, il commencera alors petit à petit à vous suivre. Ne le forcez pas à faire de longues promenades tant que son physique n'est pas encore prêt.

Je voudrais également rappeler qu'en ville il est conseillé de toujours tenir le chien en laisse parce que, d'une part, c'est obligatoire et, d'autre part, il est extrêmement dangereux pour un chien d'être laissé en liberté. À la moindre distraction, il peut échapper à votre contrôle et mettre sa vie en danger. Si vous voulez le voir courir librement, ce qu'un Colley adore toujours faire, emmenez-le à la campagne, loin d'une route fréquentée. Dans ce cas, il est important que votre chien soit habitué à revenir

Après huit semaines, on peut enseigner au chiot à marcher correctement à la laisse (photo Rota)

quand vous l'appelez. Vous ne devez pas utiliser son nom uniquement quand vous voulez l'enfermer, le punir ou lui mettre la laisse, mais aussi, et surtout, quand vous voulez qu'il vienne vous voir pour le récompenser par une caresse ou un biscuit. Comme un Colley est très sensible à l'intonation de la voix de son maître, il suffit de lui dire sèchement « Non ! » pour le réprimander. Il est important d'être cohérent pour que votre chiot comprenne rapidement ce que vous lui interdisez.

Essayez de passer beaucoup de temps et de jouer avec lui. C'est très important pour la formation de son caractère. N'acceptez toutefois jamais que le jeu devienne une contrainte, que le chien essaie par tous les moyens de s'imposer et empêchez-le absolument de mordiller vos pantalons ou ceux de vos amis. Il ne faut pas dépasser certaines limites et un chiot doit comprendre que ce n'est pas toujours l'heure du jeu. Je me rends compte que je suis en train de décrire le Colley comme un petit vandale alors que ce n'est pas du tout sa caractéristique, mais il peut arriver qu'au cours de certaines phases de sa croissance il passe par une période « de destruction ». Il faut également l'habituer à se laisser retirer ce qu'il est en train de manger, que ce soit le contenu de son écuelle ou son os préféré. N'acceptez aucun grognement ni refus de sa part, pas seulement pour lui montrer que vous êtes le chef de bande, mais aussi parce que vous pourriez être un jour obligé de lui retirer de la gueule des objets dangereux volés pris dans la maison ou ramassés dans la rue. Si vous suivez ces quelques conseils, vous aurez probablement un compagnon qui vous aime et vous respecte sans avoir peur de vous. Sur cette base, il vous sera plus facile de le dresser si vous le désirez.

LE DÉVELOPPEMENT PHYSIQUE

Pendant la croissance du chiot, vous devez faire particulièrement attention aux aliments que vous lui donnez mais aussi à l'exercice physique qu'il pratique. Un chiot doit avoir la possibilité de rester pendant de longs moments à l'extérieur, sur une surface adaptée (terre, sable, bois). Il ne faut pas lui demander de faire trop d'efforts mais le stimuler s'il est seul et n'a pas de compagnon de jeu, pour qu'il ne devienne pas paresseux. Vers l'âge de six mois, vous pouvez commencer à lui demander de vous accompagner dans des promenades plus longues ou de trottiner à côté de vous quand vous faites du vélo. Bien qu'il s'adapte facilement à la vie en appartement, le Colley, devenu adulte, qui reste un chien de berger, doit toujours avoir la possibilité de faire de longues promenades.

Il est souhaitable que le chiot ait rapidement des contacts avec d'autres animaux : cela renforcera son caractère et limitera son agressivité (photo Garabelli)

AURA-T-IL FROID ?

Depuis qu'il est tout petit, un chiot est recouvert de fourrure et souffre davantage de la chaleur que du froid.
En été, ne le laissez pas dehors aux heures les plus chaudes de la journée (il vous le rappellera en gémissant si vous l'oubliez), mais vous pouvez très bien le laisser dormir à l'extérieur, dans une niche ou un box construit spécialement (on en trouve par exemple qui sont comme des petits chalets en bois très bien isolés). En hiver, un Colley adulte n'éprouve aucune difficulté à dormir dehors si on met à sa disposition un endroit abrité du vent et surtout de la pluie. C'est la même chose avec un grand chiot de quatre mois sauf qu'il vous faudra penser à l'enfermer dans cette zone abritée car il n'aura peut-être pas le « bon sens » suffisant pour se mettre à l'abri s'il pleut pendant la nuit.
Les Shetland, qui sont plus petits, doivent être davantage protégés du froid.

LE CHIOT D'EXPOSITION

Pour préparer un chiot à aborder une fois adulte les compétitions sur le ring des expositions de beauté, il faut prendre quelques dispositions. On doit avant tout l'habituer à la présence d'autres chiens et la tenue en laisse ne doit pas représenter pour lui une triste contrainte mais une joyeuse occasion d'accompagner son maître n'importe où. Il doit apprendre à marcher correctement en restant à votre gauche, sans tirer, se faire traîner ni sautiller dans tous les sens. Il faut en outre l'habituer à être touché par des inconnus et à se laisser ouvrir la bouche pour montrer sa dentition. À chaque fois qu'on lui donne une friandise, il faut lui enseigner à rester debout, immobile en attente et déplacer lentement la nourriture devant lui pour stimuler son attention. Le but est d'obtenir que ses membres soient perpendiculaires au sol et les oreilles dressées le temps nécessaire au jugement. Comme pour tout exercice, il ne faut jamais que celui-ci dure trop longtemps et cet enseignement doit être perçu comme un jeu par le chiot.

Un Colley doit s'habituer depuis qu'il est petit à placer ses membres parfaitement d'aplomb (photo Garabelli)

La reproduction

Tout propriétaire d'un Colley, qu'il s'agisse d'un mâle ou d'une femelle, éprouve un jour ou l'autre le désir de le voir se reproduire. Différentes raisons peuvent l'y inciter : une envie de vivre l'expérience merveilleuse de la croissance des chiots, avoir un « héritier » de son chien quand celui-ci aura disparu ou encore envisager de vendre les chiots pour arrondir ses fins de mois. Toutes ces raisons sont bonnes pour entreprendre l'aventure, mais commencez par vous demander si les conditions dans lesquelles vous vous trouvez le permettent. Tout semble plus facile si vous avez un mâle. Vous devrez seulement réussir à trouver le propriétaire d'une femelle désireux d'avoir une portée avec votre Colley pour père. Si ce dernier a été titré lors d'une exposition, cela facilitera certainement les choses. En échange de la saillie, vous pourrez avoir un chiot ou une somme d'argent fixée au préalable. Si en revanche votre chien n'est pas connu dans le milieu de la compétition, il vous sera plus difficile de lui trouver une compagne.

Si vous essayez de téléphoner à l'éleveur qui vous a vendu le chiot, il y a toutes les chances pour qu'il se fâche plus ou moins gentiment. En effet, si vous lui aviez dit avant que vous aviez l'intention d'utiliser votre sujet pour la reproduction, il l'aurait gardé ou aurait conclu un arrangement particulier avec vous au moment de l'achat. Il ne vous reste donc plus qu'à vous adresser à des propriétaires particuliers, en essayant de les rencontrer en promenade ou par des annonces dans les journaux, ou encore à acheter vous-même une femelle.

Si c'est vous qui êtes propriétaire de la femelle, vous n'avez qu'à choisir le mâle le plus adapté à elle. Vous pourrez le sélectionner parmi les

chiens de vos amis ou connaissances, ou encore vous adresser à un éleveur pour qu'il vous indique son étalon qui convient le mieux. Dans le premier cas, le choix ne sera probablement pas « sélectif » car l'accouplement ne sera pas considéré comme le moyen d'avoir des chiots « meilleurs » que leurs parents. En général, cela ne vous coûtera qu'un chiot, le premier choix, réservé au propriétaire du mâle.
En revanche un éleveur n'acceptera pas toujours d'avoir uniquement un chiot comme « droit de saillie » et il vous demandera souvent de l'argent en contrepartie au moment de la saillie. Il s'engagera également à faire accoupler gratuitement votre femelle lors des chaleurs suivantes si la première tentative a échoué. Il mettra son expérience à votre disposition en vous aidant à choisir le mâle, non seulement selon son aspect physique, mais aussi selon le pedigree des deux chiens. L'idéal serait que vous connaissiez tous les sujets disponibles pour la saillie et que vous puissiez choisir soigneusement le mâle en fonction de sa morphologie, de sa généalogie et de son caractère. Dans la meilleure des hypothèses, les deux géniteurs devraient en outre être dépourvus d'anomalies héréditaires (dysplasie de la hanche, anomalie des yeux du Colley et atrophie progressive de la rétine dont l'absence, dans le cas du Colley, doit être spécifiquement mentionnée ; la surdité, la cécité, la cryptorchidie et les autres

Chiots Shetland de 20 jours appartenant à l'élevage di Selvaspina (photo Albrigo)

Une mère affectueuse et patiente prendra soin de ses chiots même après leur sevrage (photo Gallini)

anomalies évidentes en font aussi naturellement partie).
Les autres facteurs importants qu'il faut envisager sont le temps et la place dont vous disposez. Quand il y a une portée chez vous, votre intervention est nécessaire pendant la mise bas, l'allaitement, le sevrage et toute la période qui précède le moment où les chiots vont s'en aller. Il faudra que vous organisiez un coin tranquille où la femelle puisse mettre bas et allaiter ses chiots, ainsi qu'un endroit où ceux-ci pourront jouer et grandir normalement quand ils commenceront à marcher. Ces recommandations n'ont pas pour but de vous effrayer, mais simplement de vous prévenir que vous devrez consacrer beaucoup de temps à la mère et aux petits et, surtout, parvenir à leur trouver des propriétaires quand ils seront âgés de deux mois : dans le cas contraire, vous seriez obligé de déménager (ou pratiquement). Ce problème a souvent été sous-estimé par les éleveurs d'une portée qui étaient ensuite obligés de téléphoner en désespoir de cause à l'éleveur quand leurs chiots avaient déjà trois mois mais qui s'entendaient souvent répondre qu'il avait déjà les siens à vendre. Je vous conseille donc de mettre des annonces dans les journaux locaux et spécialisés quand la femelle est encore pleine.

Le cycle œstral

La chienne est une espèce « mono-œstrale » saisonnière, c'est-à-dire qu'elle ne connaît qu'un cycle par saison reproductive et qu'elle a de une à deux saisons reproductives par an, plus rarement trois. Chez les chiens sauvages, comme les Dingos et les croisements chiens-loup, ainsi

que chez la race Basenji, il n'existe qu'un cycle par an, en automne.
La puberté, c'est-à-dire la période de maturité sexuelle, survient quand le chien est âgé entre six et vingt-quatre mois, avec des différences selon la race et les individus. Plus fréquemment, les premières chaleurs surviennent chez les Colleys entre huit et douze mois, sans que la saison de l'année n'influence particulièrement cet événement. Ce premier cycle peut parfois s'interrompre après quelques jours de pertes hématiques vaginales (fausses chaleurs) et réapparaître au bout de quelques semaines, cette fois comme des chaleurs ovulatoires normales.
En général, on n'accouple pas une femelle lors de ses premières chaleurs et on attend plutôt l'apparition des deuxièmes ou des troisièmes pour quelle ait une plus grande maturité physique et psychologique. C'est toutefois durant la période juvénile que l'on obtient les meilleurs résultats d'un point de vue reproductif : les femelles âgées de plus de cinq ou six ans ont en effet un taux de conception inférieur et un moins grand nombre de petits sevrés par portée. Chez les chiens, les femelles connaissent l'œstrus pendant toute leur vie et la ménopause n'existe pas. L'intervalle entre deux œstrus est, normalement, chez cette espèce, de six ou sept mois, mais on note de grandes variations selon les races et les individus. Un intervalle compris entre quatre et douze mois est

Portée de fauves et noirs : quand ils sont mouillés, ils peuvent facilement être confondus avec des tricolores (photo Bockovec)

considéré comme normal. En observant les femelles de Colley à poil long de notre élevage, j'ai relevé une moyenne générale de neuf mois et demi entre deux cycles, avec des écarts individuels compris entre six et quatorze mois.

La fréquence de cette période tend à être constante chez le même individu mais elle s'allonge toutefois après une mise bas (une moyenne de 10,2 mois dans ce dernier cas contre 8,5 mois chez les femelles qui n'ont pas eu de petits au cours du cycle précédent).

Le cycle œstral est divisé en quatre phases : préœstrus, œstrus, métœstrus, anœstrus. Au cours du *préœstrus*, les signes des chaleurs apparaissent (pertes hématiques, grossissement de la vulve) et la femelle se comporte de façon inhabituelle, devenant souvent plus nerveuse, sans toutefois accepter encore le mâle : en effet, elle gronde après lui ou se met simplement en position assise pour empêcher la copulation. Au cours de la phase suivante, l'*œstrus*, l'ovulation se produit. À la suite des bouleversements hormonaux, la femelle accepte généralement l'accouplement. Durant cette période, les pertes hématiques sont souvent moins rouges : elles tendent d'abord vers le rose, puis vers le jaune. L'étape suivante est le *métœstrus*, le stade pendant lequel domine l'hormone appelée progestérone (l'hormone de la gestation) et qui se termine au bout de 50-80 jours. Cette période coïncide, d'un point de vue hormonal, avec la gestation. Elle débouche parfois sur une condition non pathologique dénommée « grossesse nerveuse ». Enfin, pendant l'*anœstrus*, l'appareil génital de la chienne est au repos et se prépare pour le cycle suivant. La durée de cette phase est variable et s'achève avec le début du prœstrus suivant.

L'accouplement doit avoir lieu pendant l'œstrus, à proximité de l'ovulation. Malheureusement, la durée des phases de préœstrus et d'œstrus est très variable puisque chacune d'elles peut durer de trois jours à trois semaines. Toutefois la période du prœstrus dure en moyenne neuf jours, tout comme celle de l'œstrus. L'ovulation a lieu deux jours après le début de l'œstrus et les ovocytes libérés ont besoin de deux autres jours pour parvenir à maturité. C'est pour cette raison que les jours les plus favorables se situent autour du treizième mais il ne faut jamais oublier que cela varie énormément d'un sujet à l'autre et que cela peut expliquer en grande partie les problèmes de fertilité chez cette espèce. Ce n'est en effet qu'en suivant attentivement les chaleurs que l'on peut déterminer le bon moment pour l'accouplement, augmentant ainsi les chances d'avoir une gestation et un nombre normal de chiots. Toutes ces considérations sont encore plus importantes si l'on doit effectuer un long voyage pour se rendre chez le mâle et qu'une seule saillie est prévue, ou encore si l'on veut effectuer une insémination artificielle avec du sperme transporté frais ou congelé. C'est le vétérinaire qui peut déterminer le meilleur moment pour l'accouplement en observant un frottis vaginal ou, avec plus de précision, la concentration sérique de progestérone.

L'accouplement

La puberté chez les mâles survient vers 8-12 mois. À cet âge, ils sont souvent déjà attirés par l'odeur de la femelle en chaleur mais pas toujours capables de mener à bien l'accouplement. On conseille en général d'attendre que le chien ait un an et de lui faire connaître ses « premières expériences » avec une femelle douce et compréhensive, parce que, s'il se fait mordre lors de sa première tentative, votre Colley pourrait être inhibé pendant une longue période.

Pendant l'accouplement, certaines femelles sont très calmes et jouent avec le mâle qu'on leur propose. Elles l'invitent à la saillie en s'immobilisant et en déplaçant leur queue de côté. D'autres femelles deviennent en revanche nerveuses à cause de la présence de l'étalon et de ses tentatives d'approche : leur comportement rend difficile la saillie, y compris au meilleur moment du cycle. Il est parfois nécessaire de tenir la femelle pour que l'accouplement ait lieu. Pendant la première phase le mâle, après quelques préliminaires, met ses pattes avant sur le dos de la femelle et essaie d'introduire son pénis dans le vagin. Une fois que l'érection complète est obtenue, les deux chiens, en raison de particularités anatomiques propres à cette espèce, pivotent à 180 ° et restent collés queue à queue pendant une période de 15-30 minutes environ. Pendant cette période, il faut

LES JOURS CLÉS POUR L'ACCOUPLEMENT

-7	*l'accouplement peut déjà être fécond : les spermatozoïdes du chien peuvent survivre dans l'appareil génital femelle pendant plus d'une semaine*
-2	*pic de LH (hormone lutéale), progestérone > 2 ng/ml*
0	***ovulation**, progestérone 4-8 ng/ml*
+2	*maturation des ovocytes*
+6	*fin de l'œstrus cytologique, les ovocytes non fécondés tombent en dégénérescence*
+25	*diagnostic échographique de gestation*
+25/30	*diagnostic manuel de gestation*
+42	*diagnostic radiographique de gestation*
+62/64	*parturition*

Le moment de l'accouplement (photo Rota)

Le mâle et la femelle restent unis queue à queue pendant 15-30 minutes environ pendant la copulation (photo Rota)

éviter que les deux sujets soient effrayés par quoi que ce soit et tirent chacun de leur côté, se causant ainsi des lésions.
Si elle est effectuée au bon moment, une seule saillie suffit pour obtenir une gestation, mais il est toujours conseillé de renouveler les accouplements deux ou trois fois pendant l'œstrus, à 48 heures d'intervalle.

AVEC QUELLE FRÉQUENCE PEUT-ON ACCOUPLER UN CHIEN ?

Un chien adulte normal peut effectuer 2 ou 3 saillies par semaine sans que la qualité du sperme s'en ressente.

La gestation et la parturition

La parturition survient en général 62-64 jours après l'ovulation, mais il existe toutefois des variations dans la durée de la gestation (57-71 jours). Celle-ci est calculée à partir du jour de la saillie, c'est-à-dire de quelques jours avant à quelques jours après la libération des ovocytes. Si vous suivez attentivement les chaleurs, avec l'aide de votre vétérinaire, vous pourrez déterminer plus facilement la date de la mise bas.
Pendant le premier mois de gestation, la femelle ne montre aucun signe particulier et n'a pas besoin de soins spécifiques. Toutefois pendant cette période, au bout de 20-25 jours, on peut déjà diagnostiquer la gestation grâce à une échographie. Ce n'est qu'à la fin du premier mois que l'on pourra noter un grossissement de l'abdomen et des mamelles. Il faut alors ajuster l'alimentation à la plus forte demande calorique, en faisant en sorte qu'elle continue à faire de l'exercice pour ne pas grossir.
Une semaine environ avant la parturition, la chienne doit être placée à l'endroit où elle doit mettre bas pour qu'elle s'y habitue. Cet endroit, qui doit être au calme, comprend une caisse recouverte de journaux. Si la mise bas survient en hiver, la pièce doit être chauffée ou alors il faut maintenir les chiots à une bonne température avec une lampe à infrarouges : celle-ci doit être suffisamment éloignée de la caisse pour ne pas brûler ni gêner la chienne qui autrement aurait tendance à ne pas rester avec ses chiots. Ces derniers seraient en outre déshydratés par une lampe trop abaissée.
La caisse est généralement en bois, mesure 120 x 80 cm (plus petite pour les Shetland), avec éventuellement un rebord à 15-20 cm du fond pour que les petits ne se sauvent pas. Il faut la recouvrir de journaux pour que la future mère les gratte quelques jours avant la mise bas pour se faire un « nid ». On peut les remplacer facilement plusieurs fois par jour ou dès que cela est nécessaire pendant la période de la mise bas et de

Caisse pour mise bas avec un rebord protège-chiot amovible : au bout de dix jours, le rebord peut être retiré pour que la mère ait plus de place pour bouger (photo Garabelli)

l'allaitement. Parmi les préparatifs, vous pouvez, quelques jours avant la parturition, bien nettoyer le contour des mamelles de la chienne et couper toutes les franges qui les entourent. Une semaine avant la mise bas, il faut aussi commencer à prendre la température rectale du Colley au moins deux fois par jour. Vous pourrez ainsi observer quelle est sa température normale et relever ses variations pendant la journée. Ensuite, une baisse de un degré environ indique que l'on est à 12-24 heures de l'heureux événement. De plus, durant ces dernières heures, la femelle risque certainement de refuser toute nourriture.

En général, la mise bas se déroule naturellement, sans aucune aide extérieure. La phase de dilatation, caractérisée principalement par de l'agitation, des tremblements et une respiration haletante, peut durer entre six et douze heures. Elle est suivie par une phase d'expulsion, durant laquelle les fœtus passent à travers le col de l'utérus. La durée de cette phase dépend du nombre de chiots et du rythme auquel ils sont expulsés. On considère comme normal un intervalle de deux heures entre la sortie de deux chiots. Toutefois, il est fréquent que la mère prenne des pauses un peu plus longues quand la mise bas est particulièrement longue et laborieuse.

Les chiots naissent aussi bien en position antérieure que postérieure, dans une proportion d'environ 6 pour 4, sans que cela crée de problèmes particuliers. En général, la première poche des eaux se perce quand le fœtus passe par le col de l'utérus et il arrive souvent qu'un chiot naisse encore enveloppé dans la deuxième poche que la mère déchire alors avec ses dents. C'est également la mère qui coupe de cette façon le cordon ombilical.

LA MARCHE À SUIVRE POUR OBTENIR LE PEDIGREE

Pour que les chiots puissent être inscrits au LOF, il faut que leurs deux parents soient en possession d'un pedigree reconnu. Dans les quinze jours qui suivent la naissance d'une portée, l'éleveur doit fournir la « Déclaration de naissance » et la « Demande d'inscription au LOF (Livre des Origines Français) » au service compétent de la SCC. Dans les six mois qui suivent l'ouverture du dossier et après avoir effectué le tatouage sur lequel figurent les numéros qui ont été assignés aux chiots par les autorités cynophiles (ou par l'éleveur si celui-ci est titulaire d'un affixe), chaque chiot est inscrit individuellement au registre. Il est conseillé de contacter la SCC avant l'accouplement, afin de vous assurer que les papiers des deux parents sont bien en règle et de recevoir les documents dans les délais.

Si elle effectue mal ces opérations, il faut les faire à sa place en libérant le chiot des poches fœtales et en coupant le cordon ombilical avec des ciseaux. Avant cette dernière opération, il faut effectuer une ligature avec du fil à coudre pour éviter une hémorragie puis désinfecter le cordon avec de la teinture d'iode. Si un chiot a du mal à être expulsé, on peut aider la mère en effectuant une légère traction en même temps qu'elle pousse.

Le premier chiot vient enfin au monde ! (photo Rota)

Une bonne mère déchirera elle-même l'enveloppe qui entoure le chiot avec ses dents (photo Rota)

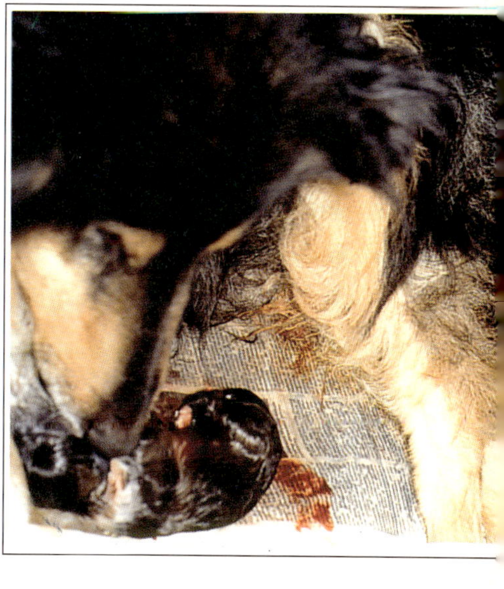

Il est conseillé de frotter vigoureusement les chiots qui viennent de naître avec un torchon, afin de les sécher et de stimuler leur respiration. Il faut également débarrasser leurs voies respiratoires des liquides qui peuvent empêcher leur respiration. Le placenta est généralement éliminé après chaque expulsion de chiot et mangé par la mère.
Si la femelle a des difficultés pendant la mise bas, appelez le vétérinaire qui pourra l'aider à la mener à bien ou, s'il n'y a pas d'autres possibilités, effectuera une césarienne. Il est important pour la santé des chiots qui vont naître que cette intervention ait lieu à temps. L'allaitement dure de 30 à 40 jours. Après, il est préférable que la mère s'éloigne de plus en plus de ses petits, désormais capables de manger seuls, afin que sa production de lait diminue.

LA GROSSESSE NERVEUSE

Elle survient parfois à la fin du métœstrus. La femelle, stimulée par des changements hormonaux normaux durant cette période, essaie de se construire un nid et prend des jouets et d'autres objets pour ses chiots. On assiste aussi à un gonflement de ses mamelles et à une production de lait. Dans la plupart des cas, aucun traitement n'est nécessaire, mais si la production de lait persiste, le vétérinaire peut prescrire les médicaments nécessaires, à base d'inhibiteurs de la prolactine (comme la bromocriptine).

À la fin de la parturition, la femelle se détend et laisse ses petits allaiter (photo de Liso)

Le toilettage

Un des principaux motifs qui font choisir un Colley à poil long ou un Shetland est sans aucun doute la beauté de sa robe. C'est certainement pour cette raison que le Border Collie et le Colley à poil court n'ont jamais atteint la popularité du Colley à poil long, bien qu'ils soient morphologiquement presque identiques à ce dernier et probablement encore plus éclectiques comme chiens de travail.
Une des premières questions posée à l'éleveur par une personne qui est sur le point d'acheter un chiot de Colley concerne les soins à apporter à sa robe. La robe du Colley est bien fournie mais elle nécessite beaucoup moins d'entretien que ce que l'on pourrait penser : c'est en effet la robe d'un chien de berger. Contrairement à celle des chiens d'autres races, la robe du Colley et du Shetland, quand sa texture est correcte, n'a pas tendance à faire des nœuds et n'a donc pas besoin d'interventions fréquentes. Toutefois, certaines parties du corps doivent être vérifiées plus souvent que d'autres : derrière les oreilles, où le poil est plus soyeux et a tendance à s'emmêler plus facilement, ce qui peut avoir une influence négative sur le port des oreilles ; autour du coude et à l'intérieur des cuisses, où il se forme régulièrement des enchevêtrements de poils qui peuvent devenir difficiles à démêler si l'on ne s'en occupe pas.
Un brossage soigné une fois par semaine sur ces parties à risque permet de prévenir ces désagréments.
La nature des opérations d'entretien de la robe dépend de ce que l'on recherche : une robe propre et pas trop fournie pour un sujet qui vit à

TOILETTAGE DU PIED ANTÉRIEUR

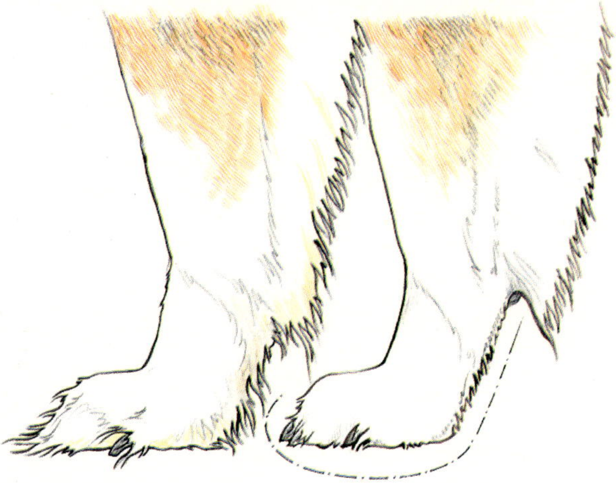

Pied négligé *Pied soigné*

TOILETTAGE DU PIED POSTÉRIEUR

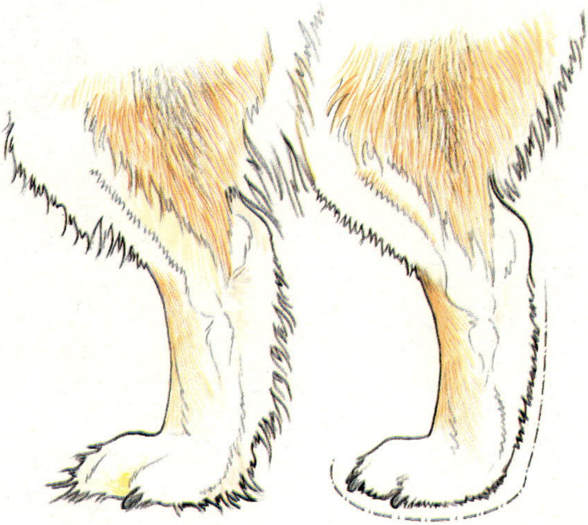

Pied négligé *Pied soigné*

TOILETTAGE DE L'OREILLE

oreille peu visible à cause de l'excès de poil mort

oreille « nettoyée »

Les poils situés derrière les oreilles doivent être coiffés avec un peigne à dents larges. C'est à cet endroit que des nœuds peuvent se former le plus facilement (photo Petri)

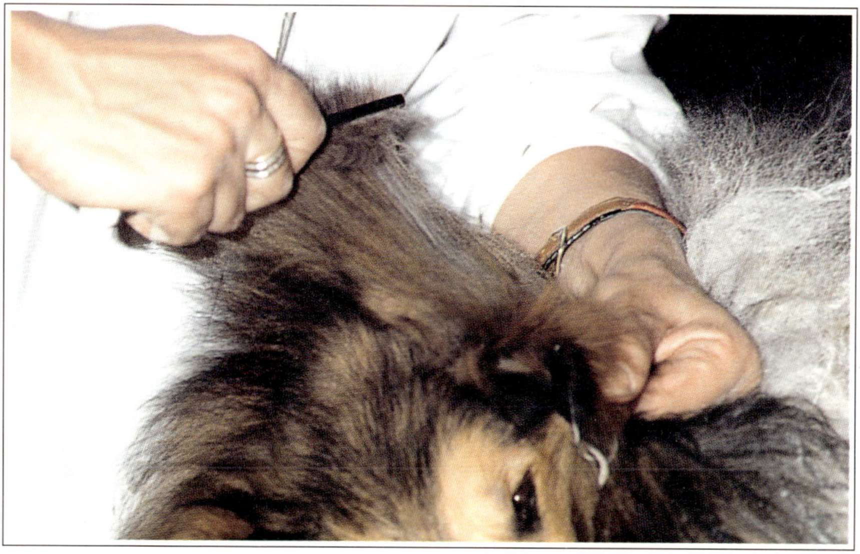

l'intérieur et qui ne participe pas à des expositions ; une robe bien fournie et parfaitement entretenue pour un chien d'exposition ; une robe fournie pour le chien qui vit à l'extérieur. Pour ce dernier, un bon brossage une fois par mois suffit largement. Pendant la période de la mue les opérations d'entretien sont plus importantes puisque des épis (brome) ou autres végétaux sont alors souvent emmêlés dans la robe du Colley. Je rappelle que le brome est dangereux puisqu'il peut percer la peau et parvenir jusqu'aux tissus ou encore dans le nez et les oreilles. La partie située entre les doigts de pied est une zone à risque et il est donc conseillé de bien entretenir le poil qui s'y trouve. L'intervention urgente du vétérinaire est nécessaire quand un brome a pénétré dans cette zone puisqu'il s'enfonce profondément avec une rapidité surprenante. Le toilettage des pieds améliore non seulement l'aspect esthétique du chien mais réduit également les risques de voir des bromes s'accrocher à ses poils quand le sujet vit dans un jardin. Si c'est un chien d'appartement, il risque moins de salir la maison en rentrant de promenade. On ne peut pas demander à un Colley qui vit en appartement avec le chauffage d'avoir la même robe qu'un chien qui dort dehors même l'hiver. Quand j'étais étudiante et que j'habitais en ville, j'ai dormi pendant des mois avec la fenêtre ouverte pour que Kino, le

Depuis qu'ils sont petits, les Colleys devraient être habitués à rester sur une table pour être peignés : ils ne subiront ainsi aucun traumatisme quand ils iront chez le vétérinaire (photo Colombo)

Colley qui était avec moi, ne perde pas son poil. Quand on vit dans un appartement avec un chien, il est naturel que l'on ait envie de le nettoyer et donc de le brosser fréquemment et parfois de le laver. Toutefois ces traitements, et notamment les lavages fréquents, ne permettent pas d'obtenir une croissance fournie de la robe. En effet, à chaque fois que l'on brosse ou lave un Colley, on retire une partie de son sous-poil laineux. La plupart des Colleys « de ville » ont une robe parfois longue

Femelle bleu merle Fairy Tale von Crottorf. Le collier blanc sert de « couronne » à sa tête et fait ressortir son expression (photo Kramer)

mais aplatie sur le corps, pas gonflée, en raison de l'absence d'une couche protectrice sous le poil de couverture, une couche d'ailleurs dont ils n'ont pas besoin en ville. Comment brosse-t-on un Colley ? Il faut avant tout se procurer la bonne brosse. Elle doit être ovale, avec des dents ni trop dures ni trop rapprochées, de type mixte Nylon® et soie. On en trouve de plusieurs marques (et à différents prix) dans les magasins d'animaux : l'essentiel est qu'elles n'arrachent pas les poils.
Il faut absolument proscrire les brosses avec quelques dents en métal,

Your Big Friend di Cambiano de l'élevage del Caduceo : remarquez comme les longues touffes de poil derrière les oreilles donnent au chien une impression peu soignée, malgré sa beauté d'ensemble. Propr. et photo Banna

sauf une fois par an, au moment de la mue, pour enlever le poil mort et accélérer ainsi la croissance du nouveau poil. On a également besoin d'un peigne à dents écartées pour les franges des membres antérieurs et pour la zone située derrière les oreilles, ainsi que d'une paire de ciseaux pour couper le poil en trop sur les pieds et les jarrets. Le talc peut servir à « rafraîchir » les parties blanches du corps et enlever les saletés. Pour que la robe soit plus volumineuse, on peut avoir recours à un vaporisateur rempli d'eau. Tout ceci constitue l'équipement « de base » qui permet d'aborder les premières expositions, avant de découvrir petit à petit tous les « trucs » qui rendront votre Colley encore plus beau avec aussi comme conséquence de grever votre budget pour les expositions avec les cosmétiques et autres « produits de beauté ».

La robe doit être brossée avec méthode et chacun a évidemment la sienne. Personnellement, j'aime bien commencer par démêler les

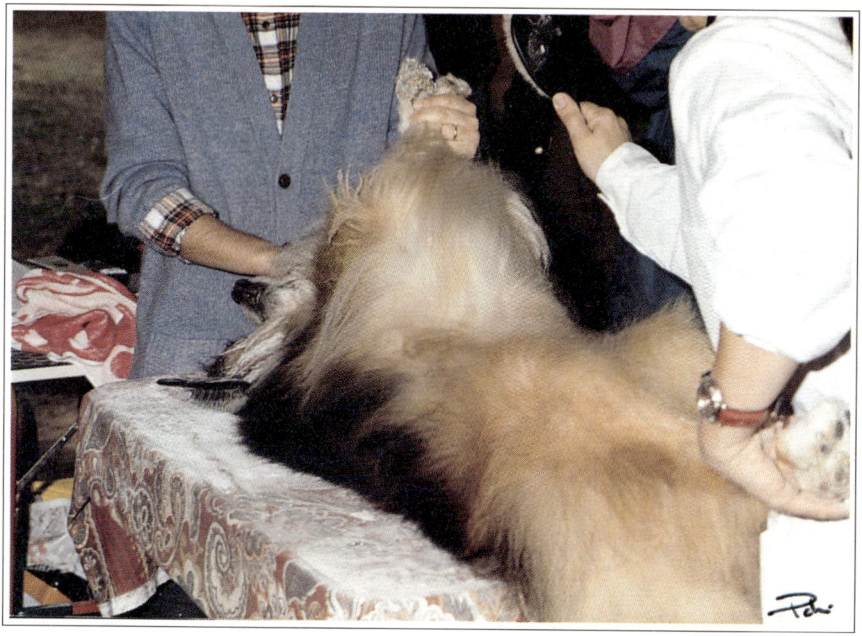

En se faisant aider d'un ami, on peut commencer le toilettage en allongeant le chien sur le dos les pattes en l'air (photo Petri)

franges placées sous le thorax, l'abdomen et à l'intérieur des membres. Pour cela, j'allonge le chien sur une table, d'abord sur un côté puis sur l'autre, ou bien je me fais aider par un ami qui maintient le chien les pattes en l'air. Comme cette partie du corps est toujours de couleur claire et plutôt emmêlée, le talc est d'une grande utilité. Après avoir fait relever le chien, je commence à brosser la zone dorsale à rebrousse-poil, de derrière les oreilles jusqu'à la queue. Je poursuis par les flancs, la poitrine, les membres antérieurs puis postérieurs. Toutes les parties de la robe sont brossées à rebrousse-poil, en écartant bien la couche de poil épais et laineux qui se trouve sous le poil de ouverture.

Il est surprenant de constater que cette opération fait doubler le volume de la robe, si la robe existe... Si l'on veut conserver ce volume pendant toute la durée de l'exposition, on peut vaporiser de l'eau sous le poil. Il est important d'humidifier et non pas de mouiller la robe pour ne pas obtenir l'effet inverse. Il faut prêter une attention particulière aux « pantalons », c'est-à-dire aux franges des cuisses qui sont assez épaisses et fournies. On les écarte et on les brosse bien puisque

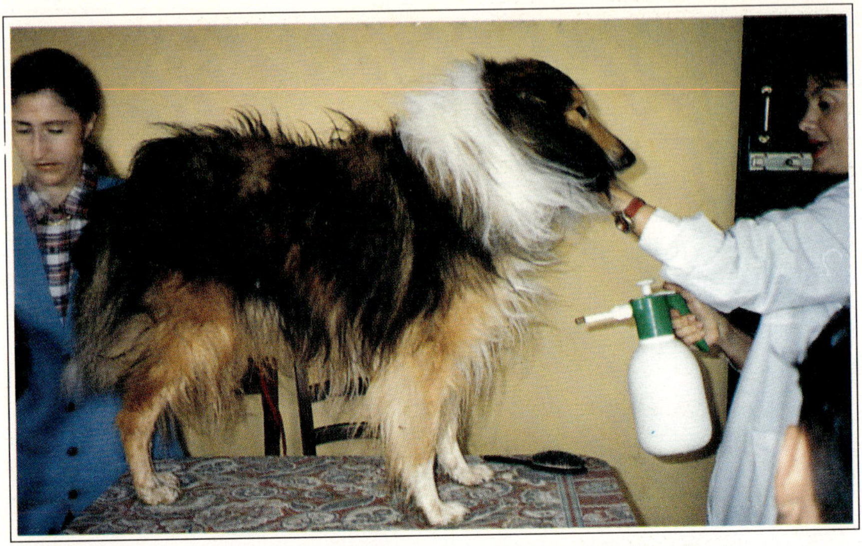

Le poil doit être humidifié, jamais mouillé, avec un vaporisateur (photo Petri)

ce sont elles qui délimitent la forme en « carré » finale. Après avoir été brossées, les franges des membres antérieurs et les parties situées derrière les oreilles sont repassées au peigne, en faisant attention de ne pas arracher le poil. On passe ensuite aux pieds, avec les ciseaux, en coupant tous les poils en trop entre les coussinets plantaires et les touffes

Les poils sous les pieds doivent être bien égalisés (photo Petri)

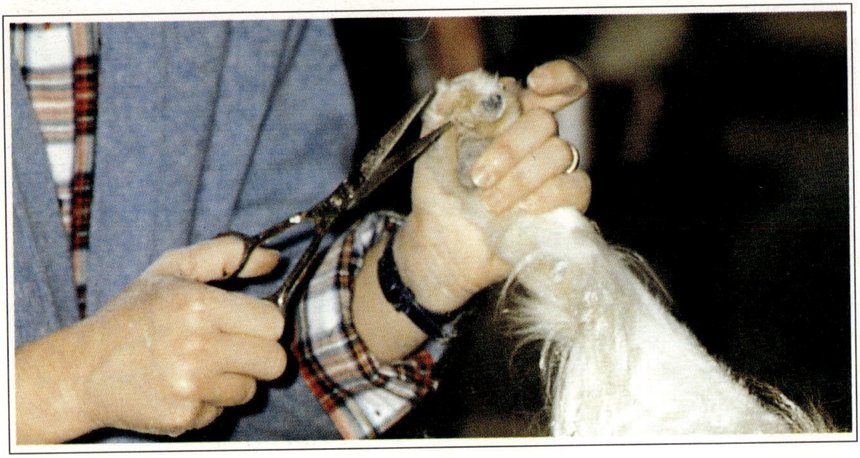

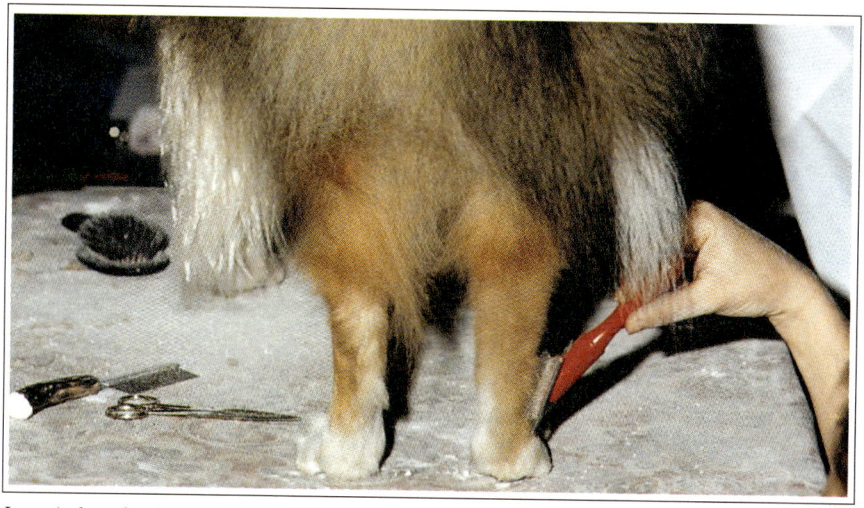

Les pieds et les jarrets postérieurs : le membre droit est déjà toiletté tandis que le gauche est encore à faire (photo Petri)

qui dépassent des ongles, en essayant de donner aux pieds une forme ovale. On raccourcit encore aux ciseaux les poils de la partie postérieure des canons métatarsiens. En réalité, il s'agit d'une véritable coupe qui a pour but de bien faire apparaître les jarrets et leur ossature. Cette coupe varie donc légèrement d'un sujet à l'autre.

Il faut aussi retirer les poils en trop dans la zone située juste derrière le crâne : en effet, chez les sujets ayant une robe fournie, on trouve de longues touffes qui ont tendance à cacher ou à alourdir les oreilles. Ces touffes doivent être coupées avec des ciseaux ordinaires, mais arrachées avec les mains (stripping) ou avec des ciseaux à dents.

Au moment où le Colley va entrer sur le ring, il faut essayer de lui

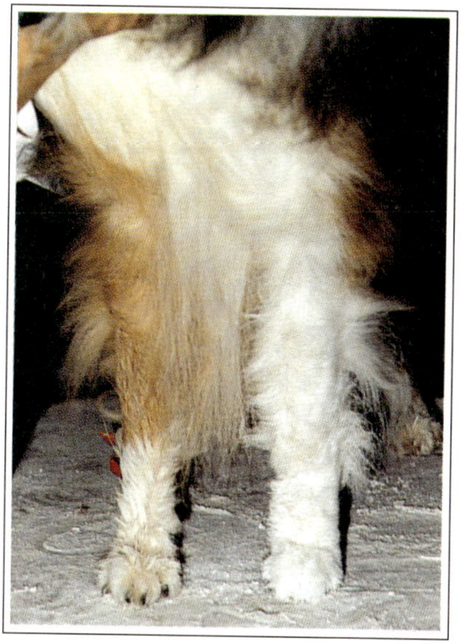

Pieds antérieurs de Red Higlander Boy di Montenese : le droit est terminé, le gauche a le poil coupé et mouillé mais il doit encore être saupoudré de talc. Propr. Antonioli (photo Petri)

redonner une forme, c'est-à-dire de brosser à nouveau son poil superficiel dans la bonne direction, en gardant le volume que vous aurez obtenu en brossant le sous-poil dans le sens contraire. Il faut beaucoup de pratique pour obtenir les mêmes résultats qu'un candidat expérimenté, mais la préparation du sujet ainsi que sa présentation jouent un rôle important dans la décision finale du juge. Ainsi le temps passé à apprendre à la maison est toujours récompensé.

Ongles

Les ongles doivent être souvent contrôlés. Selon l'activité de votre chien et les surfaces sur lesquelles il marche, ils s'useront plus ou moins rapidement. Même chez un chien très actif, il est nécessaire de les tailler au moins une fois tous les deux mois. Les ongles sont raccourcis avec des ciseaux à ongles appropriés, en faisant attention de ne pas couper dans la partie vascularisée.

LE BAIN

Un Colley ne doit pas être lavé souvent : en effet, à chaque lavage il perd des poils mais aussi une partie de la couche de graisse protectrice de sa peau, ce qui modifie son pH et la rend plus vulnérable. Un bain est toutefois indispensable pendant la période de la mue. Il est très important de retirer tout le poil mort avec la brosse avant de laver le chien : s'il y a une « laine » abondante dans la robe, le shampooing (spécifique pour chiens) sera difficile à rincer. En outre, la robe aura tendance à rester longtemps humide, ce qui favorise l'apparition d'irritations accompagnées de prurit et de pertes de poils dans de larges zones.

Celle-ci se voit par transparence sur les ongles clairs, mais doit être « devinée » quand les ongles sont noirs. Si vous n'êtes pas sûr de vous, vous pouvez faire effectuer cette opération par le vétérinaire.

LE CHIOT

Le poil du chiot est laineux et moelleux et il n'a pas besoin de soins particuliers. Il suffit d'utiliser une brosse souple et un peu de talc pour qu'il reste propre. Quand le chiot arrive chez vous il a une odeur assez désagréable due à sa vie en box avec ses frères, mais elle disparaît rapidement. Jusqu'à l'âge de trois mois, il est en pleine période de vaccinations et il est conseillé de ne pas le laver. Il est ensuite préférable d'attendre qu'il ait au moins six mois avant de le faire.

Dents

Les dents peuvent être nettoyées par le maître avec une brosse et une pâte spéciale que l'on trouve dans le commerce. Ceci a pour but de prévenir la formation de tartre. En outre, il faut porter son chien régulièrement chez le vétérinaire pour qu'il effectue un détartrage plus approfondi.

Il est préférable qu'un Colley s'habitue depuis qu'il est tout petit à se laisser toucher la bouche et les dents sans opposer de résistance (photo Angelucci)

Ch. Repr. Red Highlander Boy di Montenese. Élev., propr. et photo élevage des Terres Hautes de G. Antonioli

Oreilles

Le nettoyage des oreilles peut être effectué avec du coton hydrophile en faisant attention de ne pas aller trop en profondeur pour ne pas provoquer de lésions. Il faut également veiller, pendant le bain, à ce que de l'eau n'entre pas dans les oreilles, ce qui prédisposerait à la formation d'otites. Du cérumen noirâtre associé à un prurit peut être dû à la présence d'acariens (*Otodectes cynotis*) qu'il faut combattre avec l'aide du vétérinaire. En effet, comme les autres otites, cette maladie peut devenir chronique et difficile à soigner ou devenir plus aiguë et plus profonde, entraînant parfois des convulsions.

Parasites externes

Puces. Désespoir des propriétaires de chiens et de chats, les puces sont malheureusement assez courantes dans notre pays. Ce sont des insectes parasites très spécialisés qui se nourrissent exclusivement du sang qu'ils sucent directement dans les vaisseaux de leur hôte. Chez les chiens, on rencontre généralement des puces appartenant à deux espèces : *Ctenocephalides felis felis* et *Ctenocephalides canis*, appelées également respectivement puces du chat et puces du chien. La première mord également fréquemment l'homme. Il est important de connaître son cycle vital pour pouvoir la combattre. Ainsi, ses œufs s'accumulent et s'ouvrent sur la couverture du chien, sur les tapis et autres lieux qu'il fréquente. Il est donc inutile de traiter uniquement l'animal atteint. Les puces provoquent la nervosité du chien, à cause du prurit, mais également des pertes de sang (pouvant aller jusqu'à l'anémie et la mort en cas de grave infestation) et des réactions allergiques à la salive de la puce entraînant des pertes de poils. En outre, les puces sont les hôtes intermédiaires de certains ténias, comme le *Dipylidium caninum*. On trouve dans le commerce une infinité de produits sous différentes formes (poudres, aérosols, gouttes, shampooings, désinfectants) et ayant une efficacité et une toxicité variables. Les moins toxiques, mais qui ne sont pas actifs longtemps, sont les dérivés du pyrèthre. En revanche, des petites capsules de pyréthrine sont actives pendant une période plus longue parce qu'elles sont libérées lentement. Les organophosphoriques et le carbamate sont les composantes les plus courantes mais si elles sont vendues sous forme concentrée, elles doivent être utilisées avec prudence parce que des quantités toxiques peuvent être absorbées à travers la peau si les dilutions sont erronées. Il faut également toujours bien désinfecter le milieu dans lequel vit le chien. Dans une maison, on doit

Une robe de Colley ayant une texture correcte doit être imperméable pour que l'eau et la neige ne parviennent pas à traverser son sous-poil (photo Garabelli)

non seulement utiliser des aérosols, mais aussi passer fréquemment l'aspirateur avant. Enfin, il faut laver au moins tous les quinze jours les tapis sur lesquels va le chien.

Tiques. La lutte contre les tiques peut également être difficile, mais dans ce cas, le danger n'est généralement pas dans la maison : en effet, on repère facilement les tiques adultes et on peut les tuer quand elles se détachent de leur hôte pour trouver un endroit où pondre leurs œufs. Ce sont surtout les jeunes tiques sorties des œufs pondus dans les jardins et les bois qui s'attaquent au chien quand il se promène. C'est pour cela que les tiques représentent principalement une infestation de la campagne, même si les squares urbains et les cabinets de consultation des vétérinaires, comme les autres lieux souvent fréquentés par les chiens, sont aussi source de contagion.
Une autre caractéristique importante des tiques est qu'elles vivent temporairement sur d'autres hôtes (rats et autres petits mammifères) avant d'aller sur le chien : elles peuvent donc lui transmettre des maladies comme la rickettsiose, le bacille d'*Erlichia*, la borréliose, la piroplasmose, etc. Quand elles sont

peu nombreuses, les tiques peuvent être enlevées avec l'aide d'une pince qui permet d'extraire facilement leur tête. Si une partie de leur appareil buccal reste sous la peau, cela provoque une réaction inflammatoire. Si ces parasites sont présents en grand nombre, on doit avoir recours aux bains et aux lotions, qui sont en principe identi-

C'EST ABSOLUMENT INTERDIT !

Pour les chiens qui participent aux expositions, certains traitements esthétiques, notamment les interventions chirurgicales, ne sont pas admis (il existe des moyens pour replier correctement des oreilles droites, redresser la queue, ajouter des dents manquantes, etc.). Il est également interdit de teindre la peau ou la robe du chien, aussi bien temporairement que définitivement.

Sky Walker Blu di Cambiano, mâle bleu merle de L. Ricciardi (photo Kramer)

ques à ceux que l'on utilise pour lutter contre les puces. Il faut aussi désinfecter l'endroit où vit le chien, bien que cela ne soit pas toujours possible si cet endroit est constitué de beaucoup de végétation.

LES EXPOSITIONS EN FRANCE

En France, la SCC organise des expositions régionales, nationales et internationales et les clubs de la race sont à l'origine de rassemblements canins. Les expositions nationales attribuent le CAC tandis que les expositions internationales décernent aussi le CACIB (certificat d'aptitude au championnat international de beauté), nécessaire pour obtenir le titre de champion international.

Les Colleys et les Shetland peuvent être inscrits, par sexe, dans différentes classes : jeune (de douze à dix-huit mois), ouverte (au moins dix-huit mois : c'est dans cette classe qu'est attribué le CACIB), champion (réservée aux chiens champions de beauté officiellement reconnus par la FCI).
Pour chaque sujet présenté, le juge émet un jugement et décerne un qualificatif (excellent, très bon, bon, assez bon) puis il effectue un classement. Le meilleur de chaque classe participe ensuite au concours du « Meilleur de la race ». Dans les expositions internationales, le CACIB attribué dans chaque classe est décerné au vainqueur du classement entre les premiers classés de la classe ouverte et champion.
Un champion international doit avoir obtenu au moins quatre CACIB dans trois pays différents, attribués par quatre juges différents.
À côté de ces expositions internationales, le titre de champion de France est aussi attribué officiellement pour chaque race, sous l'égide de la SCC.

Le champion Razda French Fries avec ses trophées. Propr. élevage Belaju (photo Martins)

Le dressage

Depuis de nombreuses générations, les Colleys et les Shetland, à quelques exceptions près, n'ont pas été sélectionnés spécialement pour leur facilité à être dressés et cela a influencé leur caractère : ce sont donc de très bons compagnons mais pas toujours des chiens spécialisés pour le travail. Les Colleys et les Shetland peuvent toutefois participer à des compétitions pour chien d'utilité, et notamment à des épreuves d'agility, de secours et de conduite de troupeau, ouvertes récemment à toutes les races.

Les épreuves de travail pour chien d'utilité comprennent, parmi les différents exercices, l'attaque sur l'homme. Cependant, aucune des trois races dont nous parlons dans ce livre n'a de vocation particulière pour ce type de compétitions, en raison précisément de l'agressivité qui est demandée à ces chiens. Malgré cela, certains sujets y ont participé avec succès. Dans les pays qui organisent des compétitions « d'obédience » (obéissance), on trouve en revanche fréquemment des Colleys et des Shetland parmi les participants. Dans ces compétitions, les chiens exécutent des exercices comme la conduite en laisse (au pied, assis, couché, etc.), le saut, le rapport. Les Colleys et les Shetland sont également présents dans les compétitions d'agility et les Shetland y font particulièrement fureur. Dans ces épreuves, les qualités fondamentales requises sont en effet la rapidité, la précision et l'entente avec le conducteur, toutes présentes chez ce petit chien de berger. Pour illustrer leurs qualités, il suffit de rappeler que l'équipe qui a remporté le championnat suédois de 1995 dans la classe « mini-agility » était composée de trois Shetland et d'un Papillon !

Les compétitions sur troupeau en

Mountford Early Light pendant une compétition d'agility. Propr. et photo Brockhaus

Grande-Bretagne ont été pendant des années fréquentées uniquement par des Border Collies, mais des Colleys « d'exposition » mis à l'épreuve ont montré qu'ils avaient conservé leurs qualités de chien de berger. Enfin, le dressage de chiens de catastrophes effectué dans certains centres de protection civile est facilité par le caractère et les capacités de concentration du Colley.

Si vous êtes intéressé par une de ces disciplines, je vous conseille de vous adresser à un centre spécialisé où vous pourrez apprendre à dresser votre chien. Un Colley, au caractère sensible et susceptible, n'appréciera pas d'être mis en pension dans une école pour chiens. Il sera beaucoup plus heureux s'il sait qu'en travaillant, il fait plaisir à son maître. En outre, même si vous trouvez le dresseur capable d'instaurer un bon rapport avec votre Colley pour lui enseigner ce que vous désirez, il est très probable que trois semaines après son retour, votre Colley ne saura plus exécuter les exercices avec vous.

Il est en effet nécessaire que vous appreniez également la technique pour vous faire obéir et que vous agissiez toujours avec cohérence.

Pour obtenir le titre de champion de beauté ou accéder à la reproduction, les bergers écossais n'ont pas besoin, à la différence des autres races, d'avoir participé à une épreuve pour juger de leurs qualités caractérielles.

Pour dresser sérieusement votre chien, il faut qu'il soit mûr, c'est-à-dire qu'il ait au moins 10-12 mois. Comme je l'ai dit précédemment, tout est beaucoup plus simple quand on commence l'éducation sur le chiot. Sans vouloir prétendre vous expliquer comment vous devez dresser votre chien (il existe des ouvrages spécialisés sur ce sujet), je vais vous donner quelques conseils sur la façon d'enseigner à votre chiot des exercices fondamentaux, dès l'âge de 7-8 mois. Je tiens à souligner que chaque séance de travail pour un chien de cet âge ne doit pas dépasser 10-15 minutes, et qu'elle doit toujours être précédée ou suivie d'une phase de jeu.

« Au pied »

Quand on demande à un chien de marcher « au pied », cela veut dire marcher en laisse en restant tranquillement sur le côté gauche de son conducteur, sans le tirer ni se faire traîner. Cet ordre est plus facile à enseigner si votre chiot, une fois qu'il sait marcher en laisse, commence les exercices dans un endroit qui lui est familier et où il se sent à l'aise. Tenez sa laisse bien longue dans la main droite et utilisez un collier « étrangleur » (le nom donné à ce collier est beaucoup plus inquiétant que son action). Essayez de maintenir votre chien à côté de vous, son épaule à la hauteur de votre genou. À chaque fois qu'il vous dépasse, arrêtez-vous et, en tirant légèrement sur la laisse, ramenez-le dans la position désirée, tout en lui donnant l'ordre « au pied » (« fuss » en allemand) ; récompensez-le immédiatement de la voix et caressez-le. N'oubliez pas que vous avez affaire à un chiot et que vous devez tirer avec précaution sur la laisse et ne pas crier : les séances d'apprentissage doivent rester avant tout un moment agréable pour votre chien. Si votre chien a au contraire tendance à rester derrière vous en marchant, encouragez-le à avancer en marchant d'un pas plus joyeux ou au besoin en le stimulant avec une balle ou un autre objet qu'il aime bien, tout en répétant l'ordre « au pied » ! Pendant cette phase de dressage vous ne devez pas rechercher la précision mais essayer de faire comprendre à votre chien que l'ordre « au pied » signifie marcher à côté de vous, sans s'éloigner. Cet exercice vous sera utile en toutes situations, en marchant dans la rue ou pendant la présentation sur le ring d'une exposition. Une fois que votre chien saura vous suivre sans difficultés dans la position que vous désirez, vous pourrez essayer de changer de direction et de faire des « alt ! », d'abord doucement puis soudainement, en répétant « au pied » à chaque fois. Quand vous effectuez un demi-tour, le chien doit faire un demi-tour derrière votre dos et reprendre ensuite sa marche sur votre gauche. Essayez ensuite de changer d'allure : pas, trot, galop et enfin effectuez le même exercice sans laisse. À chaque fois que vous vous arrêtez, vous pouvez faire asseoir votre chien (cf. plus loin). Faites toutefois attention de ne pas trop le conditionner si vous avez ensuite l'intention de le faire participer à des expositions : il pourrait s'asseoir continuellement pendant le jugement alors qu'on lui demande d'être debout, immobile, sur le ring !

« Assis »

Pour enseigner à votre chien cet autre exercice simple, vous devez le placer, à l'arrêt, sur votre côté gauche. Vous essayez, avec la laisse dans la main droite, de maintenir le chien dans la bonne position avec la tête levée et vous exercez une pression sur sa croupe avec la main gauche tout en lui donnant l'ordre « assis ! » (« sitz »). Vous le félicitez quand il prend la position désirée, tout en répétant l'ordre. N'utilisez pas la manière forte, « n'étranglez » pas votre chien en tirant sa tête vers le haut pendant que vous poussez son postérieur vers le bas et ne recommencez pas trop souvent l'exercice. Lors des premières séances, après trois ou quatre répétitions, félicitez le chiot et jouez avec lui dès qu'il s'assied et reste assis pendant quelques secondes. Si vous continuez trop longtemps, vous risquez simplement de le lasser : le chiot finira par exécuter à contrecœur les mouvements que vous lui demandez et il les fera mal. Vous devez au contraire toujours essayer de terminer les séances au moment où le chien travaille bien et avec plaisir pour maintenir son intérêt.

Un Colley bien dressé doit savoir s'arrêter « assis » dans toutes les situations (photo Garabelli)

Quand il commencera à s'asseoir sur ordre, vous pourrez associer cet exercice à celui de la marche à vos côtés, en lui donnant l'ordre « assis ! » quand vous vous arrêtez et en lui donnant l'ordre « au pied » à chaque fois que vous vous apprêtez à repartir, en adoptant toujours différentes allures.

Il est très facile d'enseigner à un chiot l'ordre « assis » en tenant son écuelle ou une friandise en hauteur devant lui. Cette attitude est presque naturelle, surtout chez les races de petite taille ; vous devez toutefois éviter de la stimuler si vous avez envie que votre chien participe à des expositions. Dans un tel cas, vous devrez lui enseigner à rester debout devant vous, à l'arrêt et les oreilles dressées, quand vous lui présentez une friandise.

« Couché »

Une fois que votre chien aura appris à s'asseoir, il ne sera pas difficile de lui apprendre à se coucher. En partant de la position « assis » vous devrez, en tirant la laisse vers le bas, l'amener à la position « couché » (« platz »), tout en répétant cet ordre.

Vous pouvez l'aider à comprendre ce que vous attendez de lui en tirant ses membres antérieurs vers l'avant. Une fois qu'il est couché, vous le flattez puis vous lui donnez l'ordre « assis ! » et lui faites prendre cette position. Vous pouvez recommencer l'exercice « assis ! »-« couché ! » plusieurs fois durant chaque séance de travail pour que votre chien comprenne bien la différence entre les deux ordres. Vous pourrez à nouveau associer cet exercice aux précédents jusqu'à ce que votre Colley, pendant la conduite « au pied » sans laisse, se mette en position « couché » pendant que vous courez. Pour obtenir ce résultat, vous devrez attendre que votre chien se soit déjà familiarisé avec l'exercice « reste ! ».

COMMENT FAIT UN CHIEN POUR APPRENDRE ?

Le chien apprend à associer notre message (ordre, geste) à son comportement et à notre réaction qui suit (positive ou négative). Pour qu'un chien apprenne, il est donc important que le dresseur soit toujours cohérent dans sa façon de donner les ordres. Si plusieurs personnes s'occupent d'un même chien, il faut qu'elles soient d'accord sur la méthode à utiliser. Cet impératif est non seulement valable pendant le dressage, mais aussi dans la vie de tous les jours : par exemple, si le chien n'a pas le droit de monter sur le canapé, tous les membres de la famille doivent faire respecter cette interdiction pour ne pas que le chien soit troublé par des attitudes différentes.

« Stop » et « reste »

Il s'agit ici d'apprendre au chien à rester à l'arrêt dans un endroit précis sur votre ordre, même si vous vous éloignez. Vous pouvez commencer en tenant le chien en laisse et « au pied » et en variant les ordres : vous alternez avec l'ordre « assis ! » et l'ordre « stop ! ». À chaque fois que vous repartez, n'oubliez pas de donner l'ordre « au pied ! ». Une fois que votre chien aura appris à rester à l'arrêt debout devant vous, essayez de vous éloigner de lui, lentement, tout en répétant « stop ! ». Vous vous éloignez de plus en plus de lui à chaque séance puis vous le félicitez quand vous revenez vers lui. Petit à petit, vous arriverez à lui ordonner « stop ! » quand il est en position « au pied » et sans laisse, pendant que vous continuez à marcher. Enfin, vous obtiendrez qu'il s'arrête quelle que soit l'allure où vous allez, en restant immobile et debout à attendre votre retour.

Vous pourrez utiliser l'ordre « reste ! » (« steh ») pour que votre chien reste arrêté à un endroit quand il se trouve en position « assis » ou « couché ». Vous devrez vous procurer une longue laisse, comme pour les exercices précédents : ainsi, vous tiendrez votre chien en laisse tout en vous éloignant de lui, en répétant l'ordre « reste ! » puis « assis ! » ou « couché ! » et encore « reste ! » dès qu'il essaiera de se relever pour vous suivre. À la fin de l'exercice, vous reviendrez à côté de votre chien. Au fil des séances, vous vous éloignerez de plus en plus et vous le laisserez vous attendre plus longtemps. Quand il aura appris l'exercice, vous lui ferez exécuter sans laisse.

Un groupe de Colleys avec un compagnon de jeu, pour démontrer que cette race est extrêmement sociable (photo Bockovec)

« Viens »

En utilisant toujours la longue laisse, vous partez de la position « reste » debout, « assis » ou « couché ». Vous l'appelez par son nom suivi de l'ordre « viens ! » (« hier »). Quand vous pensez qu'il a bien associé l'ordre « viens ! » et l'action que vous lui demandez de faire, vous n'aurez plus besoin d'utiliser son nom pendant l'exécution de l'exercice. Quand votre chien vous rejoint, faites-le asseoir devant vous puis, sur l'ordre « au pied ! », il devra s'asseoir sur votre gauche en passant d'abord sur votre droite puis derrière vous.

Les compétitions de travail pour les chiens d'utilité

Ces compétitions sont organisées, au niveau national et international, pour évaluer le caractère, les aptitudes et le niveau de dressage des sujets qui y participent. Ces derniers sont répartis en différentes classes selon leur degré de préparation : débutants, espoirs et classes 1, 2, 3 (RCI 1, 2, 3). La classe débutants ne comprend que des exercices d'obéissance et de défense, y compris l'attaque sur l'homme avec prise de la manche rembourrée. L'âge minimal pour participer à cette classe et à la classe espoirs est de douze mois ; on n'accède aux classes supérieures qu'après l'âge de dix-huit mois. Dans la classe espoirs et dans les suivantes, on ajoute une épreuve de flair à l'épreuve d'obéissance et de défense. Il s'agit de retrouver des objets laissés le long d'une trace odorante marquée sur le sol par le passage d'un homme.
Plus on accède à des classes supérieures, plus les exercices sont difficiles : par exemple la piste mesure 350-400 pas en RCI 1 et elle est tracée par le conducteur du chien ;

New Deal del Caduceo : bien que ce ne soit pas un chien de secours, ce Colley n'hésite pas à se lancer à l'appel de son maître. Propr. et photo Banna

en RCI 3, elle est de 800 pas et est tracée par un étranger 60 minutes auparavant. Les exercices de défense et d'obéissance sont également assez compliqués en RCI : la dernière épreuve comprend, par exemple, le rapport de différents objets associé au saut d'une haie et à l'escalade d'une palissade de 1,80 mètre.
En général, les participants à ce type de compétition sont des Bergers allemands, des Dobermann, des Rottweiler et d'autres races sélectionnées dans ce but. Si vous voulez toutefois vous lancer dans le difficile dressage d'un Colley pour les épreuves de travail, je serai de tout cœur avec vous !

L'agility

Cette discipline récente et enthousiasmante est ouverte à tous les chiens âgés de plus de quinze mois, qu'ils soient de race ou non. Il s'agit d'une course d'obstacles qui doit être effectuée par le chien avec précision et rapidité, pendant que son conducteur lui indique la séquence à suivre avec des gestes et de la voix, sans jamais toucher le chien ni les obstacles. Ce sport, qui suppose une grande entente entre l'homme et l'animal, s'est rapidement répandu en France et l'on trouve des terrains d'entraînement dans de nombreuses villes qui sont devenues des lieux de rassemblement des passionnés pour cette discipline qui ressemble à un concours hippique. En raison de la souplesse et de l'éclectisme du chien, les obstacles ne sont toutefois pas limités à des sauts en longueur et en hauteur, mais on trouve aussi une variété d'exercices à accomplir sur le parcours. Le tracé est composé d'un nombre d'obstacles compris entre 10 et 20, selon la catégorie, disposés sur une longueur de 100-200 mètres. C'est le juge qui décide du nombre, du type et de la disposition des obstacles, en ayant toutefois l'obligation d'inclure au moins deux changements de direction. La rapidité de mouvement du chien est également établie à l'avance et doit être comprise entre 1,8 et 3,5 mètres à la seconde.
Parmi les exercices à exécuter, on trouve le franchissement d'une palissade, le passage sur une passerelle à 120-135 cm du sol, le passage sur une bascule ou à l'intérieur d'un tunnel rigide ou souple ou encore un slalom entre des piquets espacés de 50-65 centimètres. Le tracé prévoit également des pauses de 5 secondes, « couché » ou dans une autre position établie à l'avance, dans des zones d'arrêt au sol ou sur une table. Le chien doit effectuer son parcours sans laisse ni collier. Il existe aussi des compétitions de mini-agility pour les chiens, comme le Shetland, dont la hauteur au garrot ne dépasse pas 40 centimètres (dans cette catégorie, les obstacles ne dépassent pas non plus 40 centimètres de haut). Les épreuves d'agility et de mini-agility sont séparées en 1er et 2e degré, selon l'expérience de chaque participant.

Pelido Lady in Black at Quadrich, qui a remporté plus de cent cocardes dans des épreuves d'agility. Propr. et photo Tydeman

Encore Pelido Lady in Black at Quadrich qui exécute avec rapidité et précision un parcours d'agility. Propr. et photo Tydeman

Jeune chienne de six mois au cours de ses premiers contacts avec les épreuves d'agility. Propr. et photo de Robertis

CLASSEMENTS ET QUALIFICATIFS EN AGILITY

Le décompte final dans les compétitions d'agility est déterminé par :
– total des pénalités (pénalités-parcours et pénalités-temps) ;
– en cas d'égalité, c'est le chien ayant le moins de pénalités-parcours qui sera classé premier ;
– en cas de nouvelle égalité, on tiendra compte du temps réel.
Les qualificatifs sont répartis ainsi :

– Excellent	*0-5*	*points de pénalité*
– Très bon	*6-15*	*points de pénalité*
– Bon 1	*6-25*	*points de pénalité*
– Non classé	*>25*	*points de pénalité*

Le décompte est calculé en fonction des erreurs commises. Celles-ci peuvent être des erreurs de parcours (5 points par erreur) ou des dépassements de temps (1 point par seconde en trop). Il existe des compétitions d'agility nationales mais aussi de niveau international et également de véritables championnats européens et mondiaux dans lesquels les sujets sélectionnés représentent leur pays, aussi bien en individuel qu'en équipe.

La recherche de personnes disparues ou ensevelies sous les décombres

Il existe des épreuves d'aptitude et des exercices dans cette discipline pour obtenir des chiens de secours utilisables ensuite dans des opérations réelles. Toute personne qui se consacre à ces épreuves doit maîtriser les disciplines liées à la protection civile et son chien doit avoir été correctement instruit. Les chiens qui participent à ces épreuves sont des sujets de toutes races âgés de plus de douze mois.
Les épreuves d'aptitude pour la recherche en surface de personnes disparues ou pour la recherche de personnes ensevelies sous les décombres sont toutes deux composées de tests d'obéissance, de passages d'obstacles et de flair, mais présentant aussi quelques différences. Dans le premier cas, les obstacles sont moins nombreux et moins variés et la recherche de la personne disparue est effectuée sur une vaste zone. Dans le second type d'épreuves d'aptitude, le chien doit au contraire être capable d'agir sur n'importe quel type de surface et la recherche des mannequins se fait au milieu des décombres et des éboulis.
Après ces épreuves d'aptitude, on peut passer à la phase opérationnelle qui comprend un examen théorique pour le maître (topographie, secours d'urgence, transmissions radio, etc.) et un examen pratique ; tout dépend de la spécialisation recherchée : cela peut consister à retrouver une personne dans un rayon d'un kilomètre carré en 90 minutes ou à rechercher un certain nombre de mannequins ensevelis dans les décombres. Dans le cas de la recherche de personnes ensevelies sous les décombres pour le compte de la protection civile, il faut en outre montrer

Nadia von Midden Aarde, Colley à poil court dressé pour guider des aveugles, conduit sa propriétaire dans les rues d'Amsterdam (photo Sanders)

que l'on est capable d'effectuer un travail de groupe, en participant à une intervention en même temps que d'autres chiens.
Cette activité demande du temps et de la disponibilité de la part du conducteur mais elle peut apporter de très grandes satisfactions.

Le travail sur troupeau

Comme cette discipline est liée aux racines mêmes des races dont nous parlons dans ce livre, elle devrait normalement leur être la plus adaptée. Pourtant, tous les Colleys ou Shetland ne sont pas capables de recevoir ce dressage puisqu'il repose sur des qualités naturelles qui, par définition, ne peuvent pas être enseignées. En effet, l'intérêt pour le troupeau et l'instinct prédateur, qui sont des caractéristiques qui n'ont plus été sélectionnées depuis plusieurs générations, ont disparu (ou sont parfois simplement mises en sommeil) chez ces races. En revanche, ces mêmes caractéristiques sont très marquées chez le Border Collie, chien spécialisé dans l'élevage des moutons, et la plupart des activités cynophiles dans ce domaine ont été créées autour de lui, notamment en Angleterre.
Le type de travail mené par le Border est lié au type d'élevage d'ovins que l'on rencontre dans le pays d'origine des Colleys. Ainsi, les brebis et les agneaux, destinés surtout à la production de viande, sont laissés en petits groupes dans de grands pâturages clos. Le chien doit donc accompagner le berger dans ses contrôles quotidiens des troupeaux et rester disponible en cas de besoin. Il doit en outre être capable de regrouper les brebis dispersées dans ces enclos ou d'aller les rechercher en dehors si les barrières sont cassées et de les conduire d'un lieu à un autre, pour changer de pâturage ou pour les rassembler dans de petits enclos pour qu'elles reçoivent des traitements médicamenteux ou prophylactiques, en isolant au besoin certains individus. Il s'agit donc plus d'interventions courtes, rapides et précises, effectuées sur quelques têtes en parfaite harmonie avec le maître, que d'un travail continu.
Ce travail est assez différent de celui qu'accomplissent d'autres races de berger, comme le Berger allemand ou le Berger bergamasque, qui opèrent souvent sur des troupeaux en transhumance et plus importants.
C'est pour cette raison que le règlement des compétitions organisées en Allemagne pour les Bergers allemands (HGH) est différent de celui qui régit celles qui sont organisées pour le Border Collie dans de nombreux pays. En France, il existe deux compétitions officiellement reconnues : le

Blue Breeze di Cambiano en train d'être dressé à conduire un troupeau le long d'un sentier (photo Garabelli)

Le Colley tricolore femelle Aiace Obsession Voice au travail avec les moutons. Propr. Genovesi (photo Fontana)

Spécial Border et l'Inter-Races. Parallèlement, les concours pyrénéens connaissent un grand succès.
J'aimerais qu'en dehors des véritables compétitions, qui sont d'une très grande difficulté pour les sujets qui n'ont pas les qualités d'un Border Collie (véritable « Formule 1 » de l'élevage de moutons), il existe des tests pour juger de la présence des qualités naturelles d'un chien de berger chez un sujet.
Ces tests donneraient en effet des informations importantes à l'éleveur qui souhaite maintenir dans la race qu'il élève certaines caractéristiques caractérielles.

Deux Colleys au Kenya dans un centre de dressage rural (photo archives de la revue Collies)

Simply Magic di Cambiano avec un groupe d'oies. Ce Colley reconduit chaque soir les volailles de son maître (photo Garabelli)

L'alimentation

Le chien, qui était carnivore à l'origine, a transformé ses habitudes alimentaires après des millénaires passés à côté de l'homme, et il peut à présent être considéré comme un omnivore. Son régime, à la différence de celui du chat, carnivore obligé, contient en effet beaucoup de végétaux associés à la viande.
Un régime équilibré signifie un apport en aliments qui permette de maintenir un état d'équilibre métabolique, afin qu'il n'y ait ni augmentation ni diminution de la quantité totale des substances essentielles dans le corps. En d'autres termes, cela veut dire qu'il faut parvenir à nourrir son chien avec ce dont il a besoin, qualitativement et quantitativement, sans manque ni excès. C'est ainsi que l'on peut lui permettre de vivre longtemps et en bonne santé : un chien en bonne forme est en effet moins susceptible de tomber malade.
Les besoins alimentaires du chien varient au cours de sa vie : ils sont très importants durant sa croissance, la dernière phase de la gestation et la période de l'allaitement, mais diminuent pendant la vieillesse. L'activité physique joue également un rôle et un chien de travail aura besoin de plus d'énergie métabolisable qu'un chien qui passe ses journées dans un appartement et ne sort que pour de brèves promenades.
Les protéines, les hydrates de carbone et les lipides sont les principales composantes du régime et ce sont elles qui, une fois digérées et assimilées, sont transformées en énergie ou, en cas d'excès, en graisses. Les protéines et les hydrates de carbone, une fois assimilés, fournissent environ la moitié de l'énergie des graisses. En dehors de ces composantes, l'aliment absorbé doit apporter des sels minéraux et des vitamines, indis-

pensables pour un grand nombre d'activités biologiques.

Quand vous donnez à manger à votre chien, vous devez tenir compte du fait que durant son évolution, son estomac s'est développé de façon considérable et qu'il est capable d'ingérer de grandes quantités de nourriture (à l'origine après une journée de chasse fructueuse) ; de plus, en raison de la lenteur de son activité digestive, le chien n'a pas besoin de repas fréquents.

Le nombre de pâtées varie avec l'âge et les différentes phases de la vie du Colley, comme vous pouvez le voir sur le tableau ci-dessous.

De combien d'énergie a besoin un Colley ? Il faut avant tout préciser que l'énergie métabolisable est communément exprimée en kilocalories (Kcal) et que le besoin en énergie de subsistance peut être calculé par différentes formules. On obtient ainsi des résultats légèrement différents qui doivent être ajustés pour chaque sujet. C'est surtout votre observation qui doit vous permettre de reconnaître la bonne quantité de nourriture dont votre chien a besoin. Comme point de départ, vous pouvez utiliser la valeur obtenue par la formule suivante :

ÉNERGIE DE SUBSISTANCE (KCAL) = 132 x (POIDS CORPOREL 0,75)

Un Colley pèse généralement de 18 à 25 kilos. Cela signifie qu'un adulte qui mène une vie tranquille a besoin approximativement de 1 150 à 1 480 Kcal par jour.

Pendant sa croissance, un chiot, comme une femelle qui allaite, a des besoins alimentaires deux ou trois fois supérieurs à un adulte de même poids. Pendant la gestation, les besoins nutritifs n'augmentent que durant la seconde moitié de cette période, et ils ne sont pas supérieurs à 40 % de l'énergie de subsistance. En revanche, un chien âgé ou séden-

NOMBRE DE REPAS QUOTIDIENS EN FONCTION DES CONDITIONS PHYSIOLOGIQUES

Conditions physiologiques	*Nombre de repas*
1-4 mois	3 (4)
4-12 mois	2
>12 mois	1
2e mois de gestation	2
2e mois de lactation	2

taire n'aura besoin que de 70 à 90 % de la valeur de base. Dans la composition du régime, il ne faut pas oublier que la proportion de protéines brutes par rapport au total des aliments (poids sec) doit être de 20 à 28 %, tandis que les graisses apportent 10-20 % du régime total. Au cours des phases particulières (croissance, dernière semaine de gestation), il faut apporter de 28 à 35 % de protéines brutes qui sont nécessaires à la construction des tissus et des organes. Les besoins en graisses augmentent aussi beaucoup puisqu'ils atteignent 20-30 % du total. Les graisses représentent une source d'énergie particulièrement importante durant ces phases et plus généralement pour un chien de travail. Le régime d'un chien sédentaire, en revanche, ne doit comporter que 10-25 % de protéines et seulement 8-12 % de graisses. Chez le chien âgé, le taux de protéines doit être diminué jusqu'à 15-25 % de la quantité totale des aliments. Le reste du régime est composé d'hydrates de carbone (parmi lesquels de 0 à 5 % de fibres), ainsi que de sels minéraux et de vitamines.
N'oubliez pas de toujours laisser de l'eau à la disposition de votre chien.

Les principaux aliments

Viande et poisson. Les aliments sont composés en grande partie de protéines et de graisses d'infiltration. Les hydrates de carbone sont presque absents puisqu'ils sont utili-

Femelle Shetland de l'élevage von Crottorf. Les chiots grandissent rapidement et atteignent la taille adulte en quelques mois (photo Kramer)

sés immédiatement par l'animal duquel provient la viande pour produire l'énergie nécessaire à sa propre activité, tandis que l'énergie en excès est transformée en graisses.
La viande et le poisson varient par leur composition et leur facilité à être digérés selon l'espèce et la partie du corps dont ils sont tirés. Toutefois, ils représentent une très bonne source de protéines, également du point de vue qualitatif puisqu'ils fournissent une grande partie des acides aminés essentiels. Les graisses qu'ils contiennent dépendent aussi, en quantité et en qualité, de l'origine de ces animaux.
En général, les aliments carnés sont riches en fer et pauvres en calcium par rapport à leur contenu en phosphore. Il ne faut pas oublier cette caractéristique quand on compose un régime, surtout pour les chiots. Le rapport calcium-phosphore devrait être compris entre 1:1 et 2:1, en se rapprochant de cette dernière valeur pour le régime des sujets en pleine croissance. En outre, la viande manque de vitamines A et D, à l'exception du foie et des rognons. S'il est utilisé comme aliment principal, le foie peut conduire à une hypervitaminose A et aux pathologies qu'elle entraîne.
Les aliments carnés représentent toutefois un excellent aliment. Ils peuvent être donnés aux chiens avec les déchets de boucherie comme les carcasses broyées qui sont riches en os et apportent donc du calcium et du phosphore. Il est toutefois important de ne pas donner trop de farine d'os pour éviter des problèmes de transit intestinal.
Le poisson est peu utilisé dans notre pays comme aliment pour chien, mais il l'est beaucoup dans d'autres, comme le Japon. Les poissons sont divisés en gras et maigres. Les premiers (sardine, thon, truite, saumon, etc.) contiennent de 5 à 12 % de graisses, tandis que les seconds (morue, sole, etc.) en contiennent moins de 2 %. En général, la composition du poisson blanc ressemble plutôt à celle de la viande, avec une plus grande quantité d'iode. Les poissons gras contiennent en outre de la vitamine A et D.
Selon sa qualité, la viande peut être administrée crue ou cuite. La viande de porc, de mouton, les viscères et les poissons doivent en revanche être cuits avant d'être administrés parce qu'ils peuvent contenir des parasites. Il faut toutefois aussi savoir que la cuisson détruit une grande partie des vitamines présentes dans un aliment.

Laitages et œufs. Les laitages (lait, fromages, yaourts) contiennent des protéines de meilleure qualité et un profil aminoacide plus complet que la viande et le poisson. Certains chiens sont cependant sensibles au lactose, un hydrate de carbone : en raison d'une carence en enzyme lactase

dans leur appareil digestif, ils souffrent de diarrhée. Le lait contient tous les éléments nécessaires pour l'alimentation mais il est pauvre en fer et en vitamine D.
Les œufs sont également un très bon aliment, souvent utilisé dans le régime des chiots, des chiennes en gestation et en lactation. Ils contiennent tous les éléments nutritifs, sauf les hydrates de carbone et la vitamine C. Toutefois, le blanc de l'œuf cru contient de l'avidine qui inhibe une vitamine, la biotine. Les œufs doivent donc être administrés sans albumen ou bien le blanc doit être cuit puisque la chaleur neutralise cette anti-vitamine.

Légumes. Les graines de céréales (blé, orge, avoine, riz, maïs, etc.) sont très utilisées dans l'alimentation des chiens. Elles sont généralement cuites, présentées en flocons, soufflées ou transformées (sous forme de pain, de pâtes ou autres) pour que l'amidon puisse être digéré et assimilé. Les flocons et le riz soufflé n'ont pas besoin d'être recuits, mais simplement trempés dans l'eau quand ils sont mélangés à d'autres aliments. La préparation des flocons de ces graines est plus poussée que celle destinée aux ruminants ou autres herbivores, et ils ne sont donc pas utilisables dans l'alimentation des chiens. Cet aliment apporte surtout des hydrates de carbone

Ch. Ital. Dacci Dentro di Cambiano. Propr. et photo Palumbo

(principalement de l'amidon), source d'énergie « rapide » pour l'organisme et le travail musculaire, mais qui contient aussi 9-12 % de protéines et 2-5 % de graisses. Le son, qui contient beaucoup de fibres, peut être ajouté au régime, surtout chez les chiens obèses ou pour améliorer leur défécation. Les autres légumes sont en général peu appréciés des chiens mais ils contiennent des vitamines du groupe B, qui peuvent être détruites ou s'évaporer dans le bouillon de cuisson. Les carottes sont davantage appréciées. Elles peuvent être ajoutées râpées aux aliments et elles sont riches en bêta-carotène, précurseur de la vitamine A.

Ifing de la Trollsdal avec son ours en peluche (photo Penel)

Graisses, huiles. Le beurre, le lard, la graisse visible des viandes, les huiles, etc. font partie de cette catégorie. Les graisses végétales contiennent une proportion plus grande d'acides gras insaturés que les graisses animales : certains acides gras insaturés sont essentiels pour le chien et ils ne se trouvent qu'en petite quantité dans les graisses animales. On peut donc ajouter à la ration une petite quantité d'huile d'olive ou de tournesol, surtout l'hiver et pour les chiens qui travaillent.

Aliments déjà prêts. Actuellement, l'industrie des aliments pour chiens a mis au point une infinité de pâtées complètes, conçues par des nutritionnistes expérimentés, pour chaque type de sujet suivant sa taille et sa période physiologique. On trouve même des préparations pour les chiens qui ont certains problèmes comme les allergies à quelques aliments ou des difficultés digestives ou métaboliques. Toutes ces préparations sont d'un grand secours car la majorité des propriétaires ne pourrait pas autrement offrir à leur chien un régime parfaitement équilibré. Les aliments déjà prêts peuvent être séparés en *complets* (ceux dont je viens de parler), *simples* (par exemple le riz soufflé que l'on administre avec d'autres aliments) et *complémentaires* (qui apportent de grandes quantités de certaines substances).
Il existe des aliments secs, en boîte et congelés. Les boîtes (que l'on trouve aussi sous forme de barquettes en aluminium ou de sachets en plastique) sont en général très appétissantes, se digèrent bien, mais elles ont souvent un contenu énergétique bas et doivent donc être administrées en grande quantité. Elles sont servies parfois comme un aliment complet ou bien ajoutées à des flocons, selon ce qui est indiqué sur l'étiquette.
Les aliments secs sont vendus sous forme de biscuits, de bâtonnets et de flocons. Ils peuvent également être complets ou fournir une partie du régime, en complément avec de la viande (fraîche ou congelée), du poisson ou des boîtes. En revanche les aliments complets n'ont besoin d'aucun complément, ni en vitamines ni en sels minéraux, si l'on choisit bien la pâtée adaptée à la situation du chien (croissance, gestation, allaitement, etc.). Ces pâtées sont servies sèches ou humidifiées, selon les indications du producteur. Elles sont en général bien appréciées des chiens et bien que leur qualité varie selon les marques, les plus connues d'entre elles peuvent toutes être considérées comme fiables.
Les aliments déjà prêts offrent une bonne nourriture au chien et font plaisir à son palais ; en outre, ils sont aussi économiques et font gagner du temps au propriétaire. On peut toutefois équilibrer un régime avec des aliments frais, complétés quand cela est nécessaire par des vitamines et des sels minéraux. C'est simplement en observant attentivement votre chien que vous pourrez vous rendre compte si vos choix sont les bons.

La gestation

La femelle de Colley doit aborder cette phase en étant en bonne santé et bien alimentée. Elle devra en effet être capable de nourrir les fœtus et de se préparer à affronter la lactation. Pendant la première moitié de la gestation, la femelle n'a pas besoin d'un plus grand apport calorique et son poids n'augmente pas. On assiste même, au contraire, à une baisse de poids autour de la troisième-quatrième semaine à cause d'une chute de l'appétit.

Pendant la seconde phase, le poids corporel de la femelle augmente de 15-25 % et un supplément d'alimentation devient nécessaire. Ce complément doit être progressif, à raison de 5-10 % chaque semaine à partir de la cinquième semaine. Le nombre de repas augmente également, passant de un à deux par jour.

Pendant cette période, il faut surtout augmenter la quantité d'aliments d'origine animale (lait, viande, œufs) pour satisfaire la hausse importante des besoins protéiques de la chienne.

La lactation

Pendant leurs trois ou quatre premières semaines de vie, les chiots sont entièrement dépendants de leur mère en ce qui concerne leur nutrition. En cas de portée nombreuse, cela signifie que la chienne devra produire une grande quantité de lait. Son régime devra surtout être enrichi en protéines de haute qualité (lait, œufs, viande) et en graisses, ainsi qu'en vitamines et en sels minéraux parfaitement équilibrés.

Pendant la première semaine de lactation, il faut augmenter la ration de subsistance de 50 % environ et pendant la deuxième semaine, on donne à la chienne le double de ce qu'elle reçoit normalement. À partir de la troisième

LE CALCIUM DANS LA GESTATION ET LA LACTATION

L'éclampsie, ou tétanie puerpérale, est un désordre métabolique qui peut se manifester durant le post-partum, en général durant les deux premières semaines et plus rarement pendant le prépartum. La cause en est l'hypocalcémie, parfois accompagnée d'hypoglycémie. Les premiers symptômes sont la nervosité et la salivation, suivis d'ataxie, de spasmes musculaires, de convulsions. Cette pathologie survient quand l'alimentation est inadaptée et quand les portées sont nombreuses, c'est-à-dire quand la mère doit produire plus de lait. Les races de petite taille y sont plus sensibles. Pour écarter ce danger, certains ajoutent du calcium dans le régime de la mère pendant la gestation, mais ceci est un facteur prédisposant. Essayez plutôt de fournir à chaque étape le bon rapport qualitatif-quantitatif de nourriture, et ajoutez éventuellement une petite quantité de calcium pendant le pic de la lactation. Les vitamines et les sels minéraux ne doivent pas être administrés en grande quantité et de façon arbitraire, mais selon la prescription de votre vétérinaire.

Un chiot repu s'est endormi avec la tette de sa mère dans la bouche (photo de Liso)

semaine, ses besoins peuvent être multipliés par trois ou par quatre : dans ce cas, il peut être nécessaire de diviser ses rations en trois repas. Quand on atteint ces quantités, il ne faut pas que le volume des aliments soit trop important et préférer les aliments qui ont une grande valeur nutritive. Pour vérifier qu'un aliment convient bien, il faut surveiller le poids de la mère et des chiots : en effet, quand la nourriture est insuffisante, la mère maigrit et les chiots ne grandissent pas correctement. Si la nourriture est excessive, la mère peut avoir des diarrhées. Toutefois, celles-ci peuvent aussi être dues à une sensibilité au lait ou, au cours des jours précédents, à l'ingestion du placenta. La mère parvient progressivement au sevrage en diminuant ses heures d'allaitement à partir de la troisième ou quatrième semaine. On peut l'aider à arrêter sa production de lait en diminuant sévèrement sa nourriture.

Le sevrage

À trois ou quatre semaines, les chiots peuvent commencer à être alimentés avec des produits homogénéisés ou des boulettes de viande qu'on leur met dans la bouche jusqu'à ce qu'ils apprennent à manger seuls dans l'écuelle. On peut alors leur préparer leurs premières pâtées à base de produits homogénéisés ou de viande, de lait, d'œuf et de biscottes. Au début, il suffit de leur donner deux repas par jour, puis on monte à trois quand les chiots passent moins de temps avec leur

mère. Vers cinq semaines, on peut leur administrer des pâtées équilibrées pour chiots ou compléter leur régime avec des hydrates de carbone (riz soufflé, flocons). Il faut ajuster le régime des chiots à leur croissance, leur activité et leur appétit.
À six ou sept semaines, il faut accélérer le sevrage, surtout pour soulager la mère. Celle-ci aura déjà montré depuis quelque temps qu'elle n'aimait pas beaucoup les coups d'ongles et de dents de ses petits.

L'alimentation des nouveau-nés

Il n'y a pas que les chiots orphelins qui ont besoin d'être alimentés artificiellement : il arrive que la mère soit dans l'impossibilité d'allaiter ses petits parce qu'elle souffre de mastite, d'agalaxie, du syndrome du lait toxique ou bien, événement plus fréquent, qu'elle n'a pas suffisamment de lait pour nourrir sa nombreuse progéniture.
Quand les chiots sont nés et que la mère est redevenue plus calme, vous devez chercher à les faire allaiter immédiatement parce que le lait sécrété au cours des premières heures (colostrum) est riche en immunoglobulines. Celles-ci sont absorbées par l'intestin des nouveau-nés et leur donne une certaine immunité contre les maladies. Si cela n'était pas possible, les chiots auraient moins de défenses et les programmes de vaccination devraient être effectués plus tôt que prévu.
En ce qui concerne l'alimentation des nouveau-nés, on peut utiliser les différents types de lait artificiel pour chiens que l'on trouve dans le commerce. Ils doivent être mélangés avec de l'eau comme l'indique l'étiquette. Le lait de vache ou de brebis est inadapté en raison de sa composition : le lait de la chienne est en effet plus riche en protéines, en graisses, en contenu énergétique et en calcium. On peut confectionner des aliments « maison » en remplacement du lait maternel, mais cela demande du temps, une formule exacte et ces préparations doivent être utilisées le jour même.
La fréquence des repas est assez élevée au cours des premiers jours : environ toutes les deux ou trois heures. En effet, les nouveau-nés ont des besoins caloriques élevés (environ 20 Kcal/100 g de poids, en considérant que le poids des chiots double lors des 10-14 premiers jours) et leur estomac est petit puisqu'il ne peut contenir plus de 5 millilitres de nourriture par repas au cours de la première semaine. Les chiots peuvent être nourris au biberon avec une tétine pour bébé, mais il faut faire attention qu'ils n'avalent pas trop d'air et que le lait ne coule pas trop vite.

Ch. Mond. 1991 Edward de la Bergerie des Quatre Vents (photo Bisconte)

Si les chiots sont capables de se nourrir partiellement avec le lait maternel, il faut réduire la part des repas artificiels à ce qui est nécessaire à leur croissance correcte. Un chiot de Colley qui vient de naître pèse généralement de 200 à 400 g.

Le lendemain de sa naissance, il perd un peu de poids puis il grossit régulièrement de 5-10 % par jour. Les chiots allaités artificiellement grandissent plus lentement, mais ils se rattrapent généralement après le sevrage, qui survient souvent plus précocement pour eux.

LA DIFFÉRENTE COMPOSITION DU LAIT DE CHIENNE ET DU LAIT DE VACHE

Composantes	*Lait de chienne*	*Lait de vache*
Eau	76 %	88 %
Protéines	8 %	3 %
Graisses	9 %	3,5 %
Lactose	4 %	5 %

La santé

Quand un chien arrive chez vous, vous devez penser, entre autres choses, à sa santé. Un nouveau personnage va donc faire son entrée dans votre vie : le vétérinaire. Normalement, il faudrait qu'il puisse suivre votre chien dès son plus jeune âge pour qu'il réussisse à instaurer avec vous un rapport de pleine confiance et devienne ainsi une sorte de médecin de famille. Un médecin qui connaît bien son patient réussit souvent mieux à interpréter les signes qu'il montre et à mieux le soigner, surtout qu'il s'agit d'un animal et qu'il ne peut donc pas décrire ce qu'il ressent.
Le meilleur « gardien » de la santé du chien reste toutefois son maître. Celui-ci connaît mieux que quiconque ses habitudes et ses attitudes normales, et il a donc la possibilité de remarquer tout changement. Une fatigue et une paresse inhabituelles ainsi qu'une baisse d'appétit sont généralement les premiers symptômes de malaise, suivis parfois par des manifestations plus évidentes et plus ou moins aiguës. Tous les écarts par rapport à son comportement normal doivent être rapportés méticuleusement au vétérinaire en cas de maladie, afin de l'aider à effectuer un diagnostic précis.
Comme dans la médecine humaine, il existe parmi les vétérinaires des généralistes et des spécialistes. Le terme de généraliste n'est pas du tout péjoratif et c'est à ce professionnel que vous aurez le plus souvent affaire pour que votre chien reste en bonne santé. S'il ne parvient pas à effectuer un diagnostic précis ou s'il se rend compte qu'il n'a pas la préparation suffisante pour résoudre un problème parti-

Étude de tête du mâle fauve Secret Love di Cambiano. Propr. Antonioli (photo Petri)

culier, il vous enverra lui-même vers le spécialiste *ad hoc*. Les Colleys et les Shetland sont en général des chiens en bonne santé qui ne connaissent pas de problèmes particuliers. Comme les autres chiens, leur vie est faite de différents stades : chiot, jeune chien, chien

Folly Bergere von Crottorf, jeune exemplaire bleu merle bien construit et à l'expression typique. Propr. von Hahn (photo Kramer)

adulte, chien âgé. Les besoins en terme de santé et de prévention des maladies sont différents au cours de chacune de ces phases.
Le chiot a besoin avant tout d'être vacciné contre les principales maladies grâce à des traitements répétés. En outre, il faut surveiller sa croissance en lui assurant une alimentation équilibrée avec les compléments nécessaires pour éviter des carences en vitamines ou en sels minéraux. Il est fréquemment victime de parasites intestinaux et est plus souvent sujet aux bactéries et aux virus qu'un chien adulte. C'est donc la période où les visites chez le vétérinaire sont les plus fréquentes, même chez un sujet en bonne santé.
Quand il est en bonne santé, un chien adulte n'a besoin que d'un contrôle périodique des parasites intestinaux et hématiques, ainsi que de ses vaccinations annuelles.
Au fur et à mesure que votre compagnon vieillit, il souffre davan-

tage des misères de l'âge. En outre, ses défenses immunitaires diminuent, le rendant sensible aux diverses infections. Il faut donc effectuer des bilans de santé plus fréquents et ne pas oublier les rappels de vaccinations. Un Colley vit en moyenne 11 ou 12 ans, tandis qu'un Shetland, comme tous les chiens de petite taille, vit généralement quelques années de plus. Ce n'est pas une mauvaise idée que d'habituer le chien à aller chez le vétérinaire dès son plus jeune âge. C'est un peu comme ce que vous lui avez appris pour pouvoir le brosser facilement : il doit savoir rester tranquille sur une table et se laisser toucher n'importe où. Vous pouvez aussi l'habituer à rester immobile pendant que vous lui regardez dans la bouche et dans les oreilles ou pendant que vous lui prenez la température rectale. Tout cela simplifiera le travail du vétérinaire qui pourra ainsi mieux contrôler l'état de santé de votre chien.

COMMENT ON MESURE LA TEMPÉRATURE

On utilise un thermomètre de type pédiatrique ou vétérinaire. Il faut se faire aider de quelqu'un qui tient fermement le chien, on lui lève la queue et on introduit délicatement le thermomètre dans l'anus, à 2 ou 3 centimètres de profondeur. On attend quelques minutes et on lit le résultat.
Pendant ses premiers jours de vie, le chiot n'a pas un système de thermorégulation efficace. Sa température corporelle dépend alors de celle du milieu et varie ensuite avec l'âge. La température est plus élevée quand le chien est agité, sans que cela soit pathologique :
– 1re semaine : 35-36 °C ;
– 2e semaine : 36-37 °C ;
– 3e semaine : 37-37,5 °C ;
– 4e semaine : 38-39 °C ;
– Adulte : 37,5-38,5 °C.

Les maladies principales

Je vais décrire brièvement les principales infections et infestations du chien, en m'arrêtant davantage sur certaines pathologies d'origine génétique présentes chez le Colley.

Maladies virales et bactériennes

Maladie de Carré
C'est une maladie virale universelle et très contagieuse qui touche les chiens de tous âges, bien que les jeunes soient les plus réceptifs. Elle frappe principalement le système respiratoire, avec toux et écoulement oculo-nasal muco-purulent, et le système nerveux, entraînant convulsions, parésie, paralysie, cécité, etc. Parfois, seuls les symptômes nerveux apparaissent et s'ils n'entraînent pas la mort, ils peuvent devenir perma-

nents. La prévention consiste à effectuer des vaccinations de base avec des rappels annuels.

Hépatite virale infectieuse
Cette maladie virale contagieuse touche surtout les chiots âgés de moins de quatre mois. Après les premiers symptômes généraux (apathie, perte de l'appétit, hausse de la température puis baisse sous la valeur normale), l'évolution est rapide et s'accompagne de vomissements, de diarrhée et parfois d'œdème. La plupart des sujets atteints guérissent ou meurent en deux semaines, même si dans de nombreux cas, le décès survient au bout de deux ou trois jours. Une des caractéristiques de cette maladie est l'opacification de la cornée (œil bleu). La prévention s'effectue par la vaccination associée à celle contre la maladie de Carré.

Parvovirose
Mise en évidence pour la première fois en 1978, cette maladie virale se présente sous deux formes : cardiaque chez les chiots âgés de moins d'un mois et entérique chez les sujets plus âgés. Dans les deux cas, cette maladie est d'une extrême gravité, entraînant une mort rapide chez les jeunes chiens. Grâce à la vaccination des mères, la forme cardiaque a aujourd'hui pratiquement disparu car les anticorps passent de celles-ci aux chiots avec le colostrum, ce qui les protège pendant la période critique. Dans la forme entérique, les symptômes principaux sont le vomissement et la diarrhée avec sang, déshydratation intense et mort, souvent en deux jours. La prévention s'effectue par une vaccination précoce et des rappels annuels.

Toux de chenil
Différents virus peuvent provoquer une lésion initiale de la muqueuse respiratoire dans la trachée et les bronches, aggravée ensuite par une infection bactérienne secondaire. Au début, les animaux atteints présentent une toux sèche et apparaissent déprimés et anorexiques. Ensuite, avec l'arrivée des bactéries, leur température monte légèrement et leur toux devient productive. En général, ce n'est pas une maladie grave mais elle peut durer longtemps (vingt-trente jours). Il existe des vaccins contre les principaux virus et bactéries en cause.

Herpès virus canin
C'est une infection virale plutôt répandue qui touche les chiots nouveau-nés et qui peut parfois être associée à une vaginite vésiculaire chez la chienne. Chez les nouveau-nés qui sont infestés dans l'utérus ou pendant leur passage dans le col de l'utérus, la virémie se manifeste autour du 5e-10e jour, se diffuse à tous les organes et entraîne la mort en 24 heures ou

même moins. Les chiots atteints gémissent sans cesse, exprimant ainsi leur malaise. Chez les chiens adultes, cette maladie peut se manifester par une symptomatologie respiratoire. Il n'y a pas de prévention : quand la femelle infectée développe suffisamment d'anticorps, la portée qui suit celle qui a été touchée les assimilera avec le colostrum, ne montrant donc aucun signe de la maladie.

Rage

Cette maladie d'origine virale frappe les animaux et l'homme. Sa transmission s'effectue à travers la salive (en général par une morsure), son incubation est assez longue et son issue est toujours mortelle. Sa symptomatologie est de type nerveux : on distingue une forme muette (parmi les symptômes : paralysie du larynx et des mâchoires) et une forme furieuse. La prévention s'effectue par la vaccination.

Leptospirose

Cette maladie bactérienne touche plusieurs espèces animales. Les leptospires qui concernent le chien sont principalement *Leptospira icterohemorragiae*, qui se manifeste par une symptomatologie grave qui concerne les reins, le foie et l'intestin, et *Leptospira canicola* qui provoque des néphrites interstitielles. Dans les deux cas, la guérison est assez difficile et l'animal cliniquement guéri peut devenir porteur chronique. La prévention s'effectue par un vaccin bivalent, dont la protection dure huit-dix mois.

Brucellose canine

Cette maladie, caractérisée par la fausse couche chez les femelles et des problèmes de fertilité chez les mâles, est actuellement absente dans notre pays. Sa transmission s'effectue par l'accouplement et l'on constate alors une baisse importante de la fertilité dans un élevage. Il existe des tests sérologiques pour relever la présence de *Brucella canis*, et chaque nouveau sujet qui entre dans un élevage, surtout s'il est importé, devrait être contrôlé avant d'être utilisé pour la reproduction. En effet, l'agent pathogène est très difficile à anéantir une fois qu'il est présent.

Maladies parasitaires

Nématodes intestinaux

Les ascaris (le plus fréquemment *Toxocara canis*) sont des vers ronds de grandes dimensions très répandus chez les chiots. Leur infection est pré- ou postnatale et le parasite adulte vit dans l'intestin grêle provoquant principalement un gonflement de l'abdomen et un ralentissement de la croissance. Si les parasites sont nombreux, on peut en retrouver dans les selles qui sont alors diarrhéiques. Pendant la migration viscérale, les larves peuvent provoquer des lésions sur différents organes. Le diagnostic est effectué par l'examen des selles dans lesquelles on retrouve les œufs du parasite. La thérapie peut être effectuée grâce à une large gamme de produits et doit commencer chez les chiots âgés de deux-trois semaines. Des traitements répétés sont souvent nécessaires.

Ancyclostoma caninum et *Uncinaria stenocephala* sont les deux autres nématodes les plus débilitants qui parasitent l'intestin. Ils provoquent une grave anémie chez les chiots infestés. En effet, ces parasites se nourrissent d'une grande quantité de sang qu'ils sucent sur la paroi de l'intestin grêle où ils laissent des ulcères béants.

Trichuris vulpis se retrouve au contraire fixé aux parois du cæcum. Pour cette espèce également, le diagnostic est obtenu par l'examen des selles et la thérapie peut être effectuée grâce à différents produits prescrits par le vétérinaire et administrés selon ses indications.

Ténias ou cestodes

Les espèces de ténias qui peuvent infester les chiens sont nombreuses mais la plus commune est *Dipylidium caninum*, dont l'hôte intermédiaire est la puce. La plus dangereuse, mais aussi la moins courante, est *Echinococcus granulosus granulosus*, qui a comme hôte intermédiaire le mouton et d'autres mammifères, parmi lesquels l'homme, chez lesquels elle provoque de graves lésions. Les cestodes adultes qui vivent dans l'intestin des chiens entraînent rarement de graves symptômes (en général simplement des flatulences, parfois de la diarrhée). Le diagnostic est effectué quand on retrouve des œufs ou des proglottis dans les selles. Les proglottis, qui ressemblent à des grains de riz, peuvent également être retrouvés fixés au poil autour de l'anus.

Coccidiose

Il y a environ vingt espèces de coccidies qui infestent l'intestin du chien : les plus touchés sont surtout les chiots qui vivent dans un élevage surpeuplé. Il arrive souvent que ces protozoaires n'entraînent pas de coccidiose clinique mais les symptômes, en cas d'infection sévère, sont la diarrhée (parfois sanguinolente), la déshydratation et la perte de poids. La prévention est importante dans les élevages et elle est effectuée par l'enlèvement fréquent des selles, une hygiène scrupuleuse et une désinfection quotidienne des enclos et des cages, mais surtout en évitant le surpeuplement.

Filariose

Dirofilaria immitis est un nématode parasite, dans sa forme adulte, du ventricule droit et de l'artère pulmonaire. Les microfilaires (formes jeunes) se trouvent dans le sang et

L'IVERMECTINE EST-ELLE DANGEREUSE POUR LES COLLEYS ?

À la différence des chiens d'autres races, les Colleys sont sensibles à l'ivermectine, un produit antiparasite souvent utilisé en médecine vétérinaire. Il faut donc éviter les injections de ce médicament qui peuvent provoquer des convulsions, le coma et la mort chez le Colley. Toutefois, plusieurs études réalisées sur des sujets de cette race ont montré qu'ils supportaient bien l'ivermectine, même pendant de longues périodes, aux doses employées dans les cachets pour prévenir la filariose.

sont transmises d'un sujet à l'autre par l'intermédiaire d'une piqûre de moustique. Cette maladie devient de plus en plus répandue et entraîne au début une baisse de la tolérance à l'effort, de la toux et, dans les cas les plus graves, de la dyspnée, une accumulation de fluides dans l'abdomen et des collapsus périodiques. L'obstruction de la veine cave entraîne un syndrome qui conduit à la mort en quelques heures. La prévention s'effectue par des produits à base d'ivermectine ou de substances semblables (toxiques à haute dose pour le Colley) administrées tous les trente jours. Le traitement après l'infection vise la destruction des parasites adultes.

Leishmaniose

Cette maladie protozoaire touche l'homme, le chien et certains rongeurs. Elle est très présente dans les départements méditerranéens. *Leishmania donovani*, l'agent en cause, est transmis d'un sujet à un autre par différentes espèces de moustiques. Chez les chiens, il provoque de l'alopécie dans certaines régions du corps, de la cachexie, de la lymphadénopathie, une hépatosplénomégalie et la mort. Il n'existe pas de traitement entièrement efficace et les chiens affectés sont un réservoir à partir duquel la maladie peut se propager à l'homme.

Ectoparasites

Il existe de nombreuses espèces de parasites qui peuvent loger sur la peau des chiens. Vous trouverez des informations sur la façon de lutter contre les infestations de puces et de tiques dans le chapitre sur le toilettage du Colley. L'acariose cutanée est une infestation fréquente. Dans la forme causée par *Sarcoptes scabiei* var. *canis*, la peau devient sèche et s'épaissit. On note la présence d'un prurit et quand le chien se gratte, cela entraîne une inflammation et une infection bactérienne secondaire, suivie par la formation de croûtes. *Demodex canis*, un autre acarien, se trouve en petit nombre chez presque tous les chiens, sans donner lieu à la moindre symptomatologie. Quand il se manifeste, il entraîne des lésions de gravité diverse, localisées ou diffuses. La forme localisée, qui concerne surtout les sujets jeunes, disparaît souvent spontanément et ne se représente plus. Les formes généralisées peuvent au contraire être très graves et se traduire par de l'alopécie, de la pyodermite et du prurit. Les acariens peuvent aussi être retrouvés dans différents organes et sécrétions. On a émis l'hypothèse de la présence d'une composante génétique pour expliquer la sensibilité à ce parasite. Le diagnostic s'effectue pour les deux formes quand on retrouve des acariens dans un morceau de peau.

Mycoses

Les mycoses du chien sont en général des zones circulaires d'alopécie, présentant parfois des papules ou des pustules. Des formes généralisées sont plutôt rares chez cette espèce. Une thérapie locale suffit le plus souvent pour soigner la maladie, empêchant ainsi sa diffusion chez d'autres animaux et chez l'homme.

Maladies congénitales

Ce sont les maladies présentes dès la naissance, pas nécessairement d'origine héréditaire. Elles sont parfois évidentes mais demandent d'autres fois un examen clinique attentif pour pouvoir être identifiées.

Maladies héréditaires

Elles sont transmises par un des parents ou les deux, qui peuvent même être porteurs sains, sans montrer les signes de la maladie. Parmi les maladies héréditaires présentes chez le Colley et le Shetland, on trouve la dysplasie de la hanche, l'anomalie des yeux du Colley et d'autres pathologies oculaires. Ces maladies ne sont pas l'exclusivité des races traitées dans ce livre mais elles font pour celles-ci l'objet de programmes de sélection.

Dysplasie de la hanche

Cette pathologie a été diagnostiquée pratiquement chez toutes les races canines : sa fréquence est élevée chez les races géantes, grandes et moyennes, faible chez les sujets de petite taille. Le Colley semble être une des seules races de taille moyenne/grande qui ne présente pas de risques significatifs de développement de la maladie, puisqu'on la rencontre chez 5-10 % des sujets. Comme il s'agit d'un désordre d'origine génétique, à transmission polygénique, le seul moyen de réduire son incidence consiste à pratiquer un élevage sélectif et à effectuer des contrôles permanents. Il ne faut toutefois pas s'attendre à ce que tous les petits d'un couple de sujets déclarés « exempts de dysplasie de la hanche » soient normaux, même si la sélection a été effectuée depuis plusieurs générations. On a en effet réussi à diminuer l'incidence de cette pathologie mais pas encore à l'éliminer entièrement. Le milieu a une influence considérable sur l'expression des gènes impliqués dans la maladie et il existe donc des sujets porteurs qui ne développent pas la dysplasie, rendant ainsi difficile la sélection. L'articulation coxo-fémorale est structurellement et fonctionnellement normale chez tous les chiots et c'est seulement après que la pathologie peut se développer chez les sujets prédisposés génétiquement. Des facteurs extérieurs déclenchants sont ceux qui soumettent l'articulation au stress : pour un chiot, cela peut être un poids corporel élevé et une croissance rapide, ou bien des efforts accomplis avant que sa musculature pelvienne, essentielle pour maintenir l'articulation unie, ne soit bien développée.

La modification initiale est une laxité de cette articulation qui, quand elle devient excessive, gêne l'union resserrée et bien équilibrée entre la tête du fémur et l'acétabule. Cette subluxation débouche sur l'érosion du cartilage articulaire suivie de l'ossification dysplasique et du remodelage de l'articulation dû aux forces anormales qui agissent dessus.

Les signes cliniques apparaissent rarement avant l'âge de douze mois et chez de nombreux sujets, ils ne sont pas visibles pendant de nombreuses années ; ils ne se manifestent ensuite que quand le chien est âgé sous forme de douleur associée à l'ostéoarthrite de la hanche.

Une radiographie n'est totalement fiable que quand le chien est âgé d'au moins un an. Après lecture de la radio par un spécialiste, les sujets déclarés « exempts de dysplasie de la hanche » sont regroupés en « normaux », « presque normaux » et « encore admis ». La classification continuant selon les différents degrés de dysplasie.

Anomalie des yeux du Colley (AYC)

C'est la maladie congénitale et héréditaire la plus courante chez le Colley et le Shetland. Cette maladie touche en moyenne 60 à 70 % des sujets des deux races avec des résultats compris entre 30 et 97 % selon les pays, l'âge des chiens examinés ainsi que les méthodes d'investigation. La couleur de la robe n'intervient pas dans ces différences mais la pigmentation particulière des bleu merle rend difficile le diagnostic. La maladie ne touche pas un sexe plutôt qu'un autre, ce qui signifie que le mécanisme héréditaire n'est pas lié à ce facteur. Aux États-Unis, l'AYC est moins répandue chez le Shetland que chez le Colley.

L'AYC concerne le fond de l'œil et comprend plusieurs degrés qui vont de la simple sinuosité anor-

LES DEGRÉS D'AYC

La classification généralement acceptée est la suivante :
– 1er degré : sinuosité des vaisseaux rétiniens et hypoplasie de la choroïde ;
– 2e degré : présence de colobome ;
– 3e degré : décollement de la rétine ;

male des vaisseaux de la rétine (peut-être provoquée par un autre gène) jusqu'au décollement de cette dernière et à l'hémorragie, en passant par différents stades d'anomalie de la rétine et de la choroïde. L'AYC n'est généralement pas une maladie progressive (la forme présente ne s'aggrave pas avec le temps) et entraîne rarement de graves troubles visuels. La quasi-totalité des sujets affectés présente en effet les formes les plus légères (1er et 2e degré). En outre, chez certains des sujets qui présentent le premier degré de la pathologie à six-huit semaines, les lésions disparaissent complètement à l'âge adulte : ces sujets sont dits « go normal ». Dans les rares cas de décollement de la rétine, on note une perte partielle ou totale de la vue.
La sélection contre l'AYC rencontre de nombreuses difficultés en raison de la difficulté diagnostique, du mécanisme héréditaire incertain et de la diffusion élevée de la maladie. Le diagnostic est effectué par des vétérinaires spécialisés en opthalmologie dont vous pouvez vous procurer la liste à la SCC.

Atrophie rétinienne progressive (ARP)
Le sigle ARP se retrouve fréquemment dans les fiches diagnostiques en ophtalmologie vétérinaire, en tant que pathologie qui touche différentes races. Cette pathologie est toutefois plutôt rare chez les Colleys et les Shetland. Cette maladie apparaît chez les sujets adultes et progresse avec l'âge. Chez les sujets atteints, la plupart des cellules de la rétine perdent leur fonction. La forme généralisée entraîne la cécité complète. L'ARP est transmise par un gène autosomique récessif qui n'est pas lié à l'AYC.

Urgences

Si votre vétérinaire n'est pas toujours disponible, prenez la précaution d'avoir l'adresse d'une clinique ouverte 24 heures sur 24. Face à une urgence, essayez toujours de téléphoner au vétérinaire pour l'informer que vous allez à la clinique et lui décrire la situation. Ainsi, vous lui donnerez la possibilité de se préparer et faciliterez son intervention. En outre, il pourra vous donner des conseils utiles sur la première intervention à effectuer et sur le transport du chien.

État de choc

L'état de choc est un syndrome qui se présente quand le système cardio-vasculaire est incapable de maintenir la pression et la circulation sanguine au-dessus du minimum nécessaire pour assurer l'oxygénation des tissus. Ses causes peuvent être : une pathologie cardiaque, une hémorragie, un traumatisme, une électrocution, une toxicose, etc. Au début, l'organisme essaie de compenser, en « concentrant » le flux sanguin et en essayant de maintenir la pression dans les zones essentielles, telles que le cerveau et le myocarde. Ensuite, l'hypoxie dans les autres tissus entraîne des dommages cellulaires irréversibles, accompagnés de production de substances toxiques et elle se transforme en état de choc irréversible.
Les signes de l'état de choc sont la tachycardie, la pâleur des muqueuses, le temps de remplissage capillaire ralenti, le pouls artériel faible, les veines en état de collapsus, la faiblesse musculaire, des tremblements et la conscience altérée.
Il faut intervenir immédiatement en mettant le chien au chaud et en prévenant aussitôt le vétérinaire.

Traumatisme aigu

Le cas le plus commun est celui du chien renversé par une voiture. Approchez-vous de lui en faisant attention : un chien effrayé et qui souffre peut réagir de façon agressive. Déplacez-le avec précaution et allongez-le sur un support rigide si vous pensez qu'il a reçu un choc à la colonne vertébrale. Enlevez le sang, le mucus ou les traces de vomissement de ses voies aériennes pour qu'il puisse respirer facilement ; tamponnez éventuellement ses hémorragies et maintenez-le au chaud s'il est sous le choc. Allez rapidement chez le vétérinaire.

Blessures

Il faut avant tout stopper l'hémorragie. Pour cela, vous devez comprimer la zone avec des compresses en coton, un torchon ou tout autre instrument d'urgence qui peut faire l'affaire. Si le vaisseau concerné est une artère, le sang sort à chaque pulsation ; s'il s'agit d'une grosse artère, il y a danger d'hémorragie mortelle. Si l'hémorragie est située sur un membre, une compression ne sera peut-être pas suffisante : placez donc un garrot juste au-dessus de la blessure (entre celle-ci et le cœur), en le desserrant de temps en temps (toutes les dix minutes) pour permettre la circulation du sang. Si vous ne parvenez pas à bloquer l'hémorragie, il faudra que le vétérinaire intervienne pour suturer le vaisseau concerné.

Vous devrez ensuite nettoyer la plaie. Pour cela, il faut couper les poils qui se trouvent autour pour éviter toute contamination, puis effectuer un lavage avec une solution saline stérile. Enfin, il faut recouvrir la plaie avec une gaze et accompagner le chien chez le vétérinaire.

COMMENT ADMINISTRER LES MÉDICAMENTS

Par voie orale. *Les cachets, les capsules et autres gélules peuvent être administrés en les dissimulant dans une boulette de viande ou par surprise. Si vous ne parvenez pas à tromper le chien, ouvrez-lui la bouche et enfoncez profondément la capsule ; massez-lui ensuite la gorge en lui tenant la bouche fermée jusqu'à ce qu'il ait dégluti. Dans le cas de médicaments liquides, vous devez les aspirer dans une seringue sans aiguille et poser cette dernière sur la commissure des lèvres du chien. Vous administrez lentement le liquide à l'intérieur de sa joue, en maintenant le chien la bouche fermée et la tête soulevée.*

Par voie parentérale. *S'il est préférable de laisser le vétérinaire effectuer lui-même les injections intraveineuses et intramusculaires, vous pouvez très bien vous charger des injections sous-cutanées.*
Après avoir soulevé la peau et fait un pli, insérez l'aiguille en dessous et injectez le médicament. Ces injections doivent être effectuées sur le cou, le thorax ou les reins. Il faut utiliser des seringues stériles jetables.

Dans les oreilles. *Il faut insérer le liquide dans le conduit auriculaire avec un compte-gouttes et masser la zone située en dessous en maintenant fermement la tête de votre chien pendant quelques minutes. Quand l'opération est terminée, éloignez-vous rapidement : il y a de grandes chances pour qu'il secoue vigoureusement la tête et qu'une partie du liquide soit rejetée.*

Dans les yeux. *Les pommades doivent être appliquées dans l'espace situé entre l'œil et la paupière inférieure, en soulevant cette dernière. Vous laissez ensuite l'œil se refermer et vous massez bien pour que la crème s'étale sur toute la surface. Quant au collyre il faut le laisser retomber sur l'œil ouvert, tout en maintenant la tête du chien soulevée.*

Fractures et luxations

Elles touchent le plus fréquemment les membres et le bassin. En cas de luxation, une intervention rapide du vétérinaire rend plus facile sa réduction. Pour les fractures, le traitement est généralement chirurgical. Dans le cas d'une fracture ouverte, il faut laver la partie touchée avec une solution saline stérile et de l'eau oxygénée, la recouvrir d'une gaze stérile et transporter le chien d'urgence chez le vétérinaire pour éviter qu'une contamination donne lieu à des pathologies graves et difficiles à soigner.

Brûlures

Elles peuvent être provoquées par contact avec des liquides ou des objets chauds, de la vapeur, des substances chimiques, de l'électricité. Il faut appliquer immédiatement des compresses froides, nettoyer la peau avec une solution saline et appliquer des crèmes antibiotiques. Dans le cas de brûlures étendues ou graves, l'intervention du vétérinaire est nécessaire. Les brûlures peuvent en effet conduire à l'état de choc, détériorer les fonctions rénales et entraîner des infections cutanées.

Index analytique

Achevé d'imprimer en décembre 1998
à Milan, Italie,
sur les presses de Grafiche Milani

Dépôt légal : décembre 1998
Numéro d'éditeur : 5627